인스타그램
—마케팅—
잘하는 사람은
이렇게 합니다

인스타그램
─ 마케팅 ─
잘하는 사람은
이렇게 합니다

정진수 지음

나비의 활주로

초 연결 시대,
당신의 인스타그램 마케팅을 위한
최강 지침서

이제 온라인 시장은 초 경쟁 시대에 접어들었다. 상품이 잘 보이게 내세우기는 너무 어려워졌고 광고비는 계속 오른다. 이러한 시대에서는 최저가로 경쟁하기 보다는 제품이나 사람을 브랜딩하는 게 훨씬 홍보에 효율적이다. 그 홍보의 중심에 인플루언서라고 불리는 브랜딩을 잘한 사람이 있으며, 이들은 최저가와 상관없이 제품을 잘 판다. 그들처럼 경쟁력을 가지고 살아가려면 인스타그램이든 어떠한 채널이든 나만의 채널이 장기적으로 봤을 때 돌파구가 되어준다.

SNS에서 인스타그램은 이미지 시대에 걸맞게 성장했고 한동안은 그인기를 유지할 것이다. 왜 인스타그램이 인기인지, 그다음 채널은 무엇인지 너무 고민하지 않기를 바란다. 우리가 그러한 예측을 위해 노력하는 시간에 인스타그램에 사진 한 장이라도 올리면 더 많이 도움이 된다고 온라인 마케팅을 다년간 교육하고 운영하면서 느꼈기 때문이다. 시대의 흐름은 온라인이고, 현재, 그 시대의 중심에 인스타그램과 유튜브 같은 채널이 있는 것을 받아들여야 한다.

잘 관리한 채널 하나는 인생을 바꿀 만큼 강력하다. 2019년 1분기 기준으로 네이버의 스마트 스토어는 26만 개를 돌파했으며 지속해서 빠르게 늘어나는 추세이다. 이유는 현재 온라인 판매 진입장벽이 낮고 경기가 점점 어려워지면서 인터넷상에서 부수입을 올리려는 사람이 늘어나기 때문이다. 이러한 추세에 맞춰 온라인 마케팅을 준비하는 것은 너무나 필요해졌다.

필자는 대한민국에서 최초로 인스타그램 마케팅 책을 출간했다. 대한민국 최초의 인스타그램 마케팅 책은 2016년도에 발간한 《인스타그램으로 SNS 마케팅을 선점하라》이며 출간 후 베스트셀러 반열에 올랐다. 이후 2017년에 《실전 인스타그램 마케팅》을 냈고 이 책을 대만으로 수출하는 쾌거를 이루었다. 이 두 권의 책으로 필자는 대한민국에서 인스타그램으로 최초의 책을 쓰고, 최다 집필한 저자로 이름을 알렸다.

두 권의 책을 쓰고 몇 년이 지났다. 그동안 인스타그램이 많이 바뀌었고 그 변화에 발맞추고 실무 경험과 사례를 모았다. 이로써 인스타그램 책만 3권이고, 그동안 운영했던 인스타그램 여러 계정을 합쳐 50만 팔로워가 있다. 이러한 노하우와 경험을 이 책에 잘 녹여내려고 노력했다.

번외로, SNS 분야에 6권의 책을 쓰면서 SNS 트렌드를 미리 읽는 것은 거의 불가능했다. 시대가 우리 생각보다 훨씬 빠르게 변하고, 그 변화의 폭이 너무나 커서 감히 예측할 수가 없었기 때문이다. 스마트폰이 우리나라에 출시된 지 약 10년인데, 그전에는 지금 흔한 인터넷 서비스를 상상할 수 없었다. 우리가 문자메시지를 사용하지 않고 카카오톡을 하게 될지, 배달의민족이나 요기요 같은 애플리케이션으로 음식을 배달 시켜 먹게 될지, 택시를 카카오로 부르게 될지, 종이 신문을 보지 않게 될지, 차에 지도를 두고 다니지 않아도 될지 생각하지 못했다. 지금이라도 절대 늦지 않았다. 왜 인스타그램을 사용해야 하는지, 인스타그램을 어떻게 사용해야 하는지를 이전의 책과 지금의 책으로 기본부터 심화까지 다루며 당신의 인스타그램 마케팅을 책임지고 돕고자 한다.

또한 이 책이 나올 수 있도록 믿어주고 도움을 주신 모든 분들께 진심으로 감사드리며, 날로 어려워지고 복잡해지는 마케팅 속에서 여전히 선점할 기회가 있는 인스타그램이 당신의 사업과 마케팅에 큰 도움이 되기를 바란다. 그 시작에 이 책이 마중물이 될 거라 확신한다.

절대 잊지 말자. 당신이 자는 동안에도 무엇을 하는 순간에도 모바일 세계는 24시간 늘 방송 중On-Air 이며 가동 중On-Line이다. 초 경쟁 시대, 당신은 어떠한 경쟁력이 있는가? 약육강식이 아니라 적자생존이다. 강한 자가 살아남는 것이 아니고, 환경에 가장 잘 적응하는 자가 살아남는다. 자, 그러니 이제 인스타그램의 매력 속으로 빠져보도록 하자.

정진수

CONTENTS

PART #1
인스타그램, SNS의 중심이 되다

PART #2
지금 시작해도 아직 늦지 않은 인스타그램 파헤치기

⊙ PART #5
인스타그램 레벨업 고수 인싸 되는 법

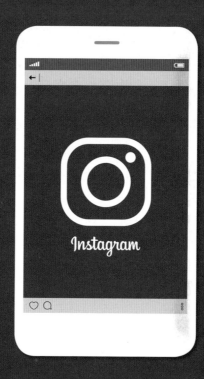

인스타그램,
SNS의 중심이 되다

사람들은 왜 여전히 인스타그램에 열광하는가

♡ ○ ▽   ⬚

인스타그램Instagram은 현재 우리나라에서 가장 즐겨 사용하는 대표적인 SNS이라는 점에는 의심의 여지가 없을 것이다. 여전히 사용자 수는 증가 추세인 핫Hot한 채널이다. 2019년 인스타그램에서 발표한 인스타그램의 사용자 수를 보면, 월간 이용자는 10억 명을 넘었고 이중 절반인 5억 명은 매일 인스타그램을 사용한다.

인스타그램은 인화를 거치지 않고 즉석에서 사진을 볼 수 있는 인스턴트 카메라Instant Camera와 전보나 전문을 뜻하는 텔레그램Telegram의 합성어이다. 긴 글보다는 내가 말하고 보여주고 싶은 것을 사진에 담아 표현하여 다른 이에게 알리는 방식에 적합한 소셜 네트워크 서비스

Social Network Service, 이하 SNS이다. 인스타그램은 조작 방법이 손쉬우며, 스마트폰 태생으로 모바일에 최적화된 채널이기도 하다.

인스타그램 내에서 해시태그# 기능이 있어 관심사를 네이버처럼 검색할 수 있기에 홍보를 하고 싶어 하는 사람들에게도 아주 효율적인 채널이다. 해시태그란 트위터twitter.com에서 시작되었으며, 빈 칸 없이 단어나 구절 앞에 해시 기호 #을 붙이는 형태의 표시 방법이다. 정보가 많아지니 필요한 정보만 보고 싶어 하는 사람들에게 골라서 보여 주는 기능을 해시태그가 한다.

물론 초창기에는 그날의 일상이나 본인의 관심사 등을 가볍게 사진 한 장과 해시태그를 게시하는 정도의 기능을 하는 SNS였다. 하지만 현재는 최장 60분까지 동영상 게시가 가능한 IGTV라는 동영상 플랫폼 기능, 순간에 이야기를 담는 스토리, 생동감 넘치는 라이브 기능까지 제공한다. 더 나아가 비즈니스 기능에서는 가격 태그를 달고 제품 판매 사이트로 유도한다. 또한 페이스북이 2012년도에 인스타그램을 인수해서 인스타그램이 페이스북과 같은 알고리즘과 빅데이터를 공유하기 때문에 두 SNS 간의 시너지 효과도 기대할만하다. 이러한 연유로 앞으로 인스타그램은 일반 사용자와 브랜드를 홍보하려는 이에게 더욱더 필수 애플리케이션으로 자리 잡을 것이다.

인스타그램의 성장 이유뿐만 아니라 시대적 흐름인 온라인이라는 시장에 대해서도 주목해야 한다. 그럼 필자의 이야기를 해 보겠다. 누구보다 열심히 하루를 살고 있다고 자부하지만 과연 하루에 몇 명을 만날 수 있을까? 100명? 아니면 500명? 아마 그 십 분의 일인 10명에서 50명을 만나 미팅을 진행하는 것도 불가능하다. 그런데 사업을 위해서 그 정도의 사람들을 열심히 만났다 하더라도 '그것이 얼마나 효과적인 미팅이 될까?'를 생각해 본다면 고개를 갸웃할 수밖에 없다. 몇 명을 만났는가가 아니라 얼굴을 맞대고 만난 상대의 마음을 얼마나 사로잡았는가가 훨씬 중요하기 때문이다. 결국 오프라인에서 하는 비즈니스는 물리적인 한계가 있다.

반면 인스타그램이라는 온라인 공간을 통해서라면 어떨까? 원고를 쓰는 현재 필자의 인스타그램www.instagram.com/jinsu_jung/ 팔로워는 최대 2만 명이 넘는다. 만약 이것을 마케팅에 활용한다고 생각해 보자. 오프라인에서 하루에 2만 명의 사람을 만나고 그중에서 좋다는 반응을 얻을 수 있을까? 당연히 얻지 못한다. 이 많은 사람과 미팅을 하기 위한 시간과 장소 모두 물리적으로 불가능하다. 인스타그램 덕분에 필자는 오늘 하루만 해도 2만 명의 사람에게 어떤 내용으로든 의사전달을 할 수 있는 가능성을 얻을 수 있다. 이것만큼 훌륭한 마케팅 채널이 세상에 또 어디에 있단 말인가. 이것이야말로 "이제부터라도 인스타그램 마케팅을 하셔야 합니다."라고 입버릇처럼 말하는 이유이다.

중요한 것은
지금 트렌디하다는 것

♡ ○ ▽   ⊓

인스타그램은 현재 가장 핫한 SNS이다. 그런데 이미지를 중심으로 한 SNS는 인스타그램뿐만 아니다. 플리커www.flickr.com나 핀터레스트 www.pinterest.co.kr가 있고 야후us.yahoo.com가 거액을 주고 인수한 텀블러www.tumblr.com도 이미지 시대에 적합한 SNS였다. 그렇다면 여러 가지 이미지에 적합한 SNS가 있었는데 왜 인스타그램이 성공한 것일까? 우스갯소리처럼 들리지만 아무런 이유는 없다. 그냥 사람들이 많이 찾고 썼기 때문이다.

마케팅 현장에서 일하고 있지만 대중이 차가운 이성과 까다로운 조건을 비교해서 어떤 의사 선택을 하는 건 아니라는 걸 늘 느낀다. 예를 하나 들어보자. 이제는 생명주기가 거의 막바지에 다다른 인터넷 커뮤니티 서비스가 있다. 바로 싸이월드다. 오래전에는 싸이월드를 하지 않는 사람이 별로 없었지만, 이제는 하는 사람이 거의 없다. 싸이월드를 몰락의 길로 내몬 것은 다름 아닌 페이스북www.facebook.com이다. 싸이월드는 페이스북에 밀려서 실패했다.

그런데 그 원인이 과연 이성적이고 합리적인가에 대해서는 의문이 남는다. 인터넷 서비스 시장의 특징을 '승자가 모든 것을 독차지 한다Winner Takes All'라고 말하기도 한다. 텀블러나 플리커, 핀터레스트가 인스타그램보다 못해서가 아니라 사람들이 인스타그램을 더 많이 찾았고 인스타그램이 발 빠르게 효과적인 방법으로 사용자를 만족시켰기에 가능했다.

패드 아닌 트렌드에 부합

인스타그램이 이 시대의 승자가 된 기본적인 이유는 이미지에 반응하는 현상이 잠깐의 바람이 아니기 때문이다. 유행이라는 영어 표현에는 패드Fad와 패션Fashion, 트렌드Trend가 있다. 마케팅 현장에서 쓰이는 의미로 설명을 한다면 패드는 아주 단기간에 급격하게 인기를 얻었지만 금세 그 열기가 사라지는 대상이고, 패션은 그에 비해 인기가 이어지는 어떤 양식을 말한다. 최소한 반년 정도는 그러한 인기가 유지될 때 사용하는 표현이다. 의류 잡지에서 20○○ S/S 시즌 패션이라는 표현을 자주 쓰는데 패션이라는 단어가 그런 사례이다. 마지막으로 트렌드라는 단어는 경향傾向, 추세趨勢라는 의미도 있지만, 그보다는 바닷물의 거대한 흐름인 조류潮流라고 이해하면 좋다. 상당히 장기적인 유행을 의미하는 단어이며 최소한 10년 이상 지속되는 거대한 흐름을 우리는 트렌드라고 부른다. 이제 거의 모든 산업이 모바일 환경으로 이동했고 사람들도 텍스트의 깊은 의미를 음미하기보다는 이미지와 짧은 동영상을 가볍고 즉각적으로 즐긴다. 텍스트의 시대가 저물고 이미지가 트렌드로 자리 잡았다.

2020년 현재, 잘 쓴 글보다는 잘 찍은 사진 한 장이 더 인기 있다. 그만큼 시대가 텍스트보다 이미지를 선호하기 때문이다. 최근에는 동영상이 약진하여 유튜브가 국내에서 성장하고 있지만 그러한 트렌드와 함께 인스타그램 역시 계속 성장하는 채널이 될 것이다.

당신은 하루에 스마트폰을
몇 번 보았는지 셀 수 있는가

♡ ○ ▽   ⊓

이제는 사람들의 일상생활이 거의 모바일화Mobile化 했다. 페이스북도 모바일로 접속하는 사람이 대부분이다. 페이스북 코리아 조용범 대표는 페이스북 한국 사용자의 94%가 모바일로 접속하고 있다고 밝힐 정도로 흔히 모바일로 인터넷 접속을 한다. 스마트폰으로 지하철에서 인터넷 쇼핑을 하고 카페에서 친구들과 커피를 마시다가도, 옆자리 손님의 가방이 멋있어 보이면 스마트폰 사진기로 찍어서 이게 어디 제품인지를 곧바로 검색한다. 굳이 포털사이트 지식 검색에 묻지 않아도 페이스북이나 인스타그램에 사진을 올려도 궁금한 정보를 얻을 수 있는 것은 물론이고 모바일로 그 가방을 구매할 수 있기 때문이다. 이제는 영화표를 예매하려고 창구 앞에서 줄을 서지 않아도 되고 심지어는 잠자리에서 잠이 드는 순간까지도 세상 곳곳에서 벌어지는 일을 거의 실시간으로 알 수 있다.

모바일 세상에서는 예전에 꿈도 꾸지 못했을 법한 일들이 쉽사리 일어난다. 예를 들어 인스타그램에 올라온 음식을 먹어보기 위해서 서울 경복궁 옆 서촌의 비좁은 골목 안쪽에 숨어 있는 작은 레스토랑 앞에 사람들이 줄을 지어 기다리는 현상도 스마트폰과 초고속 인터넷의 발달 덕분이다. 길 찾기 애플리케이션을 켜면 설명하기도 어려운 위치를 쉽게 찾아갈 수 있다. 예전 같으면 교통편도 마땅치 않은 C급 입지의 조그마한 레스토랑이 연일 만석이 된다는 것은 결국 모바일과 SNS의 발달이 아니라면 생각하기 힘든 일이 아니었을까? 모바일화라는 변화는 알리는 일에 대단히 긍정적이다.

그렇지만 일상생활의 모바일화가 유익하고 편리한 것만은 아니다. 누구나 녹취와 녹화를 할 수 있는 기기를 지니고 다니니 작은 실수와 사소한 잘못 하나 때문에 자칫하면 천하의 몹쓸 사람이 되거나 희대의 악당이 될 수 있다. 불과 하루 이틀 사이에 말이다.

하지만 극단적인 양면성을 갖고 있다고 해서 모바일 환경을 거부할 수는 없다. 이미 싫든 좋든 피할 수 없는 시대의 흐름이라서 취사선택의 문제가 아니라 어떻게 적응을 하는가에 대해 고민해야 한다. 뒤에서 다루겠지만 모바일 환경 하에서 발생할 수 있는 위험한 요소들을 잘 관리할 방안을 미리 만들어 대비할 필요가 있다. 지금 시대는 약육강식보다는 적자생존, 즉 환경에 적응한 종이 살아남는 시대이기 때문이다.

헤밍웨이보다 사진, 이미지 전성시대

모바일화로 대표되는 정보통신 기술로 지금 우리에게 이미지의 시대가 도래했다는 데 주목해야 한다. 사람들의 삶은 물론이고 마케팅 현장에도 이미지는 직접적인 영향을 미친다. 잘 쓴 문장보다 일반 사람이 찍은 사진 한 장이 훨씬 큰 반향을 일으킨다.

그러나 여전히 이미지Image보다는 텍스트Text의 위력이 더 강하다고 생각하는 분들과 간단한 실험을 해보자. 아래에 2가지 자료가 있다. 왼쪽은 글이고 오른쪽은 사진이다. 이 두 자료 중 어떤 것에 먼저 관심이 가는가. 다른 사람에게도 물어보라. 어떤 쪽에 눈길이 가고, 감정이 움직일까? 십중팔구, 오른쪽 사진일 것이다.

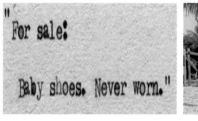 

문자로 전달하기(좌) 이미지로 전달하기(우)

오른쪽 자료는 한눈에 보기에도 가슴을 찡하게 만드는 장면이다. 신발도 신지 못하고 있는 가난한 여자아이에게 자신의 슬리퍼를 벗어주는 노인을 찍은 사진. 그런데 촬영기술이 대단해 보이지도 않는다. 그저 평범한 동네에 평범한 사람을 찍었다. 그런데도 이 사진이 평범하지 않은 순간을 잘 잡아내서 대다수 사람들의 이목을 먼저 사로잡았을 것이다. 아마 우리가 알고 있는 신사는 저 사진 속의 노인과 같은 사람을 말할 것이다.

반면 왼쪽의 자료는 반응이 뒤늦게 나타날 수밖에 없다. '이게 무슨 뜻이지?'라고 파악하는 과정과 '아, 그렇구나' 하는 과정을 거치며 느낄 수 있다. 의미는 단순하다.

'판매. 아기 신발. 착용한 적 없음.'

어떤 사람이 한 소설가에게 "당신이 그렇게 유명한 소설가라면 여섯 단어로도 사람을 울릴 수 있겠지요? 성공한다면 내가 돈을 주리라."라고 내기를 걸었다고 한다. 잠시 생각을 하던 그 소설가가 위의 여섯 단어를 썼다고 한다.

곧 태어날 아기를 위해 준비했던 아기용 신발을 판매하려 한다는 것은 아기가 신발을 신을 수 없게 됐다는 의미이니 아마 태어난 아기가 숨을 거뒀다는 사연을 짐작하게 한다. 소설가가 여섯 단어를 쓰자 곁에서 구경하고 있던 사람들이 이 짧은 문장을 잠시 보더니 분위기가 숙연해졌고 몇몇은 눈물을 훔치기 시작했다고 한다. 결국 소설가는 내기에 이겨 돈을 가져갔다. 그가 바로 《노인과 바다》, 《누구를 위하여 종은 울리나》를 쓴 어니스트 헤밍웨이Ernest Hemingway였다고 한다.

아마 헤밍웨이가 쓴 여섯 단어짜리 소설이라고 미리 말을 해줬다면 결과는 달랐을지도 모른다. 하지만 요즘 사람들에게 텍스트를 음미하기보다는 눈으로 보고 즉각적인 감정을 소비하는 데 훨씬 익숙하다. 헤밍웨이가 쓴 저 여섯 단어 문장에서 느끼게 되는 감정이 슬리퍼를 벗어주는 사진보다 덜해서가 아니라, 그냥 사람들이 무언가를 골똘히 생각하는 것보다는 딱 보면서 탁하고 느끼는 것을 더 즐긴다. 거창한 이유가 있어서가 아니라 그냥 그럴 뿐이다.

그런데 어느덧 변해버린 사람들의 행태가 기업과 마케팅, 정보통신 서비스에도 큰 영향을 미친다. 감동적인 텍스트나 상영 시간 2시간짜리의 웰 메이드Well-Made 영화나 드라마도 좋아하지만, 가볍게 혼자 일상을 찍기 좋아하고 미슐랭 스타 레스토랑의 음식 사진만큼이나 지옥불처럼 뜨겁다는 떡볶이 사진에도 좋아요를 누른다. 어쩌면 떡볶이 사진이 더 많은 댓글이 달릴 수 있다. 일상의 모습도 모바일 시대에서는 충분히 공감을 얻고 많은 사람이 소비할 수 있어서 인스타그램이 마케팅의 훌륭한 채널이 될 수 있다.

인스타그램이
마케팅의 중심에 있는 이유

♡ ○ ▽   ⬚

마케팅에 인스타그램을 활발하게 사용하는 이유를 크게 3가지로 설명할 수 있다. 첫째는 사용자 계층이 비교적 명확하다. 이미 전 세계적으로 매월 10억 명의 사람들이 인스타그램을 이용하는 것으로 조사됐다. 대부분 35세 이하의 여성을 시장으로 하는 제품과 서비스의 마케팅에 있어서 인스타그램은 아주 효과적인 마케팅 채널이다. 그중에서도 시각화를 할 수 있는 업종이면 대부분 효과를 본다.

대표적으로 뷰티, 패션, 애견, 요리, 운동, 자동차, 여행 등 사진으로 표현되는 업종이 인스타그램 마케팅에 가장 적극적이다. 화장품도 로션이나 에센스와 같은 스킨케어 제품보다 색상이 분명히 드러나는 립

인스타그램 두브로니크 검색

스틱, 아이섀도 같은 색조 화장품이 인스타그램에서 광고효과가 높다.

인스타그램으로 마케팅을 적극적으로 하는 둘째 이유는 편의성이다. 트위터나 블로그와 같은 SNS에는 글을 써야 하지만 인스타그램은 한 장의 이미지만 있어도 올릴 수 있다. 굳이 어떻게 쓸지 고민할 필요가 없는 서비스라서 마음에 드는 물건이나 분위기 좋은 음식점이나 장소를 발견하면 곧장 휴대 전화로 찍은 후 인스타그램에 올릴 수 있다. 사용자는 겨우 해시태그#와 그것에 어울리는 단어를 생각해 내는 수고만 하면 된다.

한 예로 시내의 유명 백화점에 아이돌 가수 아이유가 립스틱 모델로 나온 사진이 걸려 있을 때 광고 모델과 같은 색깔의 립스틱을 한 사람이라면 그 사진을 배경으로 자신의 입술이 강조된 사진을 찍어 올린 후, #아이유립스틱이라고 적기만 하면 된다. 인스타그램이 스마트폰 사진을 예쁘게 바꿔주는 애플리케이션에서 시작된 서비스이므로 인스타그램에 올린 사진은 근사해 보이는 데다 조작하기 어렵지도 않다.

셋째는 해시태그#이다. 인스타그램 이용자들은 이 해시태그로 다른 이용자들을 한꺼번에 모아서 의견을 나눌 수 있다. 예를 들어, 크로아티아의 아름다운 도시 두브로브니크 여행을 계획하고 있다면 인스타그램에서 '#두브로브니크'라고 검색하여 두브로브니크와 관련된 이미지와 사용자들을 쉽고 일목요연하게 볼 수 있다.

태그 기능이 강조된 폴라Pholar를 네이버에서 만든 이유도 마찬가지로 해시태그의 기능이 마케팅에서 매우 유용하기 때문이다. 인스타그램 사용자에게서 알고 싶은 정보를 손쉽게 파악할 수 있다. 페이스북이 전격적으로 인스타그램을 인수했던 이유 중에 해시태그의 가능성이 중요하게 포함되어 있으리라 짐작한다.

마케팅 현장이 늘 뜨겁고 변화무쌍하지만 의외로 사람의 심리는 좀처럼 변하지 않는다. 인터넷 마케팅 시장에서 변화가 큰 것은 마케팅 방법이지 마케팅 채널 자체는 아니다. 그러니 인기 연예인을 인스타그램에 띄우는 마케팅이 더는 효과를 보지 못하는 상황은 있을 수 있어도 사람들이 사진을 주고받지 않는 일은 없을 것이다. 왜냐하면, 사람들이 SNS에서 충족하고자 하는 기본적인 욕구가 타인과의 관계 맺기인데 이것은 단기간의 유행이 아니라 거대한 흐름이기 때문이다.

한 리서치 회사의 조사 결과에 따르면 새로운 소비 주체로 인식되고 있는 이른바 밀레니얼 세대의 핵심 욕구 또한 '연결과 열정'이라는 분석 결과가 있다. 그 보고서에 따르면 현재 밀레니얼 세대는 열정을 갖고 자유롭게 행동하지만 어딘가 속하지 않으면 불안함을 느끼기 때문에 온·오프라인을 넘나들며 새로운 연결을 만들어내기 때문이다.

또 연결에 대한 욕구에 따라 밀레니얼 세대는 전 세대가 강하게 가지고 있는 수평·수직적인 커뮤니케이션의 개념을 벗어나 이모티콘, 축약어 등 자신만의 의사소통 수단을 통해 무엇이든지 연결되고 공유하고 싶어 한다. 이들의 연결 욕구는 재미, 관심에 따라 합쳐지는 방식으로 표현되기 때문에 유기체적인 성격을 갖는다.

밀레니얼 세대는 인터넷 등을 통해 자신의 의견을 명확하게 표현하며 자신만의 의사소통 방식을 만들고 또래집단의 네트워크를 강화하기 위해 특히 자신의 일상을 기록하고 타인과 공유하는 데 가장 활발한 세대이기도 하다. 이러한 세대가 점점 우리 사회의 중심으로 떠오르는 추세이기에 더욱 SNS의 파급력은 거세질 수밖에 없다.

사람들에게서 인기를 끌고 있는 SNS 채널은 시대가 지나면서 급격하게 달라진다. 하지만 변하는 것은 단지 어떻게 타인과 연결되느냐 하는 방법과 공유하고자 하는 채널이 어디에 중점을 두느냐의 차이이다.

현재 거대한 흐름은 SNS를 통해서 타인과 연결되고 싶고 공유하려는 콘텐츠의 중심이 이미지와 영상이기 때문에 인스타그램이 꼭 맞아떨어졌다. 인스타그램이 SNS로서 기본적인 관계망 형성 역할을 하므로 이용자의 기본적인 욕구가 변하지 않는 한 인스타그램은 당분간 무너지지 않는 마케팅 채널일 것이다.

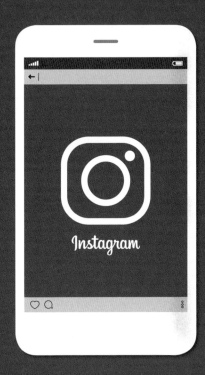

PART 2

지금 시작해도
아직 늦지 않은
인스타그램 파헤치기

모바일과 이미지의 위력을 발휘하는 최적의 SNS

모바일과 시각화이미지라는 중요한 키워드를 모두 만족시키려면 인스타그램 마케팅이 필요하다. 그리고 돈이 덜 든다. SNS의 특징인 사람들과의 실시간 소통이 가능하다는 점도 빼놓을 수 없다. 인스타그램이 급성장을 거듭하고 있다는 점에서 다른 이미지 기반의 SNS와 비교하며 고민할 필요가 없어졌다. 텔레비전 광고나 포털 사이트 배너 광고처럼 큰 돈이 필요하지도 않으면서 이용하는 사람이 폭발적으로 늘어나고 있는 매체를 마케팅 채널로 사용하지 않는다면 오히려 이상하다.

사람들이 많이 찾아온다는 것은 곧 마케팅 채널로서 가치가 높아지는 것을 말하기 때문에 앞으로 인스타그램 마케팅은 더 많은 분야에서 더 활발히 시도되리라 본다. 그러므로 하루빨리 인스타그램을 해야 한다. 선점 효과를 누리기 위해서다. 이용자가 많아지면 상업적인 시도역시 많아지고 인스타그램에 상업성이 짙은 사진과 동영상이 넘쳐나면 의사소통 채널로써의 가치가 떨어질 수밖에 없다. 인스타그램에서는 그 상황을 방치하지 않고 선별하는 기준을 바꾸거나 운영정책을 변경하는 방식으로 대응할 것이다.

그렇게 되면 현실적으로 인스타그램에서 시도하거나 적용할 수 있는 마케팅 아이디어의 폭이 좁아진다. 팔로워를 확보하기 위해서 이전에는 허용되던 방법이 갑자기 금지될 수 있다는 뜻이다. 네이버 블로그가 그러했고 카카오 스토리story.kakao.com가 그러했다. 결국 시간이 지날수록 인스타그램에서의 마케팅 활동은 조금씩 어려워진다.

검색 결과로 나와야 하는 블로그와는 달리 SNS 마케팅은 자신이 올리는 소식이 팔로워에게 알려지는 원리를 활용하기 때문에 팔로워 숫자가 우선이다. 가능한 한 팔로워 숫자를 늘리자. 인스타그램의 운영정책이 더 엄격해지기 전에 가능한 많은 숫자의 팔로워를 모아, 입지를 굳혀야 한다. 그렇기 때문에 강의 때마다 "열심히, 성실히만 하시면 언젠가는 반드시 덕을 봅니다."라고 던지는 말은 실제로 겪어보면 농담이 아니다.

특히, 자금 사정과 인력 부족, 판로가 부족한 중소기업과 개인은 인스타그램 마케팅을 적극적으로 실시해야 한다. 현실적으로 텔레비전 광고나 포털 사이트 배너 광고처럼 큰 비용이 들어가는 마케팅 활동을 하기는 어렵지만, 인스타그램의 첫 화면이나 인기 있는 인플루언서의 사진으로 대중에게 노출되기는 상대적으로 덜 어렵다. 게다가 자신이 인스타그램 인플루언서라면 마케팅 활동이 훨씬 쉬워진다.

마케팅과 세일즈의 차이를 아시나요

SNS를 비즈니스에서 어떻게 활용할 것인가에 대한 강의를 다니다 보면 가끔 이런 질문을 받는다. 방문자도 많아지고 팔로워도 많아졌지만, 매출이 늘지 않아서 어떻게 해야 하는가라고 묻는다. 이 질문은 인스타그램이라는 SNS가 과연 마케팅의 훌륭한 도구가 될 수 있느냐라는 주제를 말하기에 앞서서 짚고 넘어가야 할 부분이다.

사람들은 자주 마케팅과 세일즈를 혼동한다. 그게 그거 아닌가 싶기도 하지만 마케팅과 세일즈는 다르다. 마케팅은 세일즈를 포함하는 보다 큰 개념이다. 사전적인 의미는 아니지만, 마케팅과 세일즈를 좀 더 쉽게 설명하자면 마케팅은 사람들이 우리 점포에 들어오게끔 만드는 행위이고 세일즈는 들어온 사람들이 물건을 구매하도록 만드는 행위이다. 전단을 보고 고객이 왔다면 '전단 마케팅', 인스타그램으로 고객이 왔다면 '인스타그램 마케팅' 이렇게 표현한다.

자신의 인스타그램 계정에 팔로워가 많아지고 방문자가 늘어났지만, 매출이 늘지 않았다는 말은 마케팅은 성공적이지만 세일즈는 그렇지 못하다는 뜻이다. 세일즈라는 최종적인 단계에까지 성공하기 위해서는 무언가 더해야 한다. 가게에 들어온 사람이 모두 물건을 사지 않는다고 해서 가게를 그만두자고 하는 사람은 없다. 어떻게 하면 그냥 돌아가는 사람이 없게 만들지를 고민하는 것처럼 인스타그램 마케팅에서도 마찬가지다. 팔로워가 늘어나고 방문자 숫자가 늘어난 것은 이미 첫 번째 마케팅 활동을 훌륭하게 수행해 냈다는 뜻이다.

다만 어떻게 해야 세일즈라는 최종적인 단계에 도달하는지를 더욱 고민할 필요가 있다. 마케팅과 세일즈의 이런 관계에 대해서 필자는 서울 강남역 '뉴욕제과'의 딜레마라고 종종 말하곤 한다. 많은 사람을 불러 모으는 것까지는 대단히 성공적이었지만 정작 매출 증대에는 실패한 대표적인 사례이다. 장안의 큰 화제를 모으며 종영되었던 텔레비전 드라마 〈응답하라〉 시리즈의 시대적 배경인 1990년대 당시 젊은이들에게 가장 인기 있는 장소를 꼽는다면 강남역이다. 그중에서도 뉴욕제과는 너도나도 아는 약속장소여서 그 앞에는 일행을 기다리는 젊은이들로 발 디딜 틈이 없을 정도였다고 한다.

그런데 누구나 만나기로 약속하는 장소였기 때문에 문제가 되었다. 그 많은 사람 중에서 정작 뉴욕제과의 문을 열고 들어와서 빵을 사는 사람이 많지 않더라는 것이다. 심지어는 뉴욕제과로 들어가려는 손님조차 그 앞에서 기다리는 사람들 때문에 들어가지 못하는 사람도 있었다고 한다. 역설적인 상황인데 이런 뉴욕제과의 딜레마는 성공한 마케팅이 성공적인 매출 증대라는 결과를 낳는 것은 아니라는 사실을 설명한다. 뉴욕제과는 탁월한 입지 조건 때문에 고객을 끌어오는 마케팅 단계까지는 성공했지만 실제로 세일즈라는 최종적인 결과에 도달하지 못했다. 그래서인지 유명했던 추억의 장소 강남역 뉴욕제과는 문을 닫았다. 1990년대의 대표적인 뉴욕제과 이야기는 우리가 계획하고 있는 인스타그램 마케팅에 시사점을 준다. 자금 사정이 넉넉한 대기업이 아니라면 최소한 연 단위의 장기계획으로 마케팅하기 어렵다. 그러므로 되도록 빠른 시일 내에 광고 효과를 얻기를 바라고 그러다 보니 방문자 숫자를 늘리기 위해서 고민하다가 팔로워 숫자를 늘리기 위해서라면 무엇이든 할 수 있다는 생각으로 조급한 마음으로 마케팅 활동을 한다.

사람들의 이목을 끌기 위해서 남의 사진이나 영상을 마치 내가 만든 것인 양 가져오거나 광고성이 뻔히 들여다보이는 진부한 사진도 몇 개씩 올리고 며칠 동안 부지런히 팔로워 숫자를 늘릴 수도 있다. 팔로잉도 많이 했고 마케팅도 열심히 했다. 아마 내 계정을 방문한 사람 수도 제법 늘었을 것이다.

그런데 정작 원하는 것을 얻었을까? 당초에 기대했던 마케팅 효과를 볼 수 있을까? 당장 팔로잉하는 계정은 많은데 팔로워는 얼마 되지 않는다. 이는 바로 뉴욕제과의 딜레마이다. 방문자 숫자를 늘리겠다는 1차적인 마케팅에는 성과를 냈지만, 그것이 유지될 가능성이 없다. 팔로워도 얼마 없는 팔로잉만 많은 계정, 구매를 강권하는 사진, 다른 곳에서 얼마든지 볼 수 있는 영상만 있는 계정이라면 사람들이 다시 찾을 리가 없다. 돈을 주고 대행사가 늘린 팔로워도 결국은 마찬가지다.

그렇다면 어떻게 해야 세일즈까지 성공적으로 도달할 수 있을까? 그 비결이 콘텐츠에 있다. 성공적으로 방문자 숫자를 늘릴 뿐만 아니라 실제로 구매나 상담 등의 세일즈 실적으로 이어질 수 있으려면 정작 그 안에 들어 있는 내용 즉, 콘텐츠가 관건이다. 성공적인 마케팅 활동을 세일즈라는 실적으로 연결해 줄 수 있는 가장 튼튼하고 강력한 고리가 콘텐츠라고 명심해야 한다. 콘텐츠가 뒷받침될 때 SNS 마케팅은 빛을 발할 수 있다.

하지만 워낙 변화가 빠른 분야가 SNS이다 보니 벌써부터 인스타그램의 콘텐츠에 대해 의구심이 자란다. 그 증거가 인스타그램 마케터 및 프로그램의 등장이다. 이를테면 1만 원에 1천 명 늘려드린다며 팔로워를 사고파는 행위가 나타났다. 인스타그램에서 판매를 담당 해 주는 대행사가 고객 계정에 접속한 다음, 좋아요, 선팔먼저 팔로우 등의 작업을 대신해주는 방법으로 팔로워 숫자를 늘린다고 한다. 좋아요를 열심히 누르고 '선팔 부탁합니다' 같은 글도 대신 올려주고 해시태그 작업도 열심히 대행해준다는 식이다.

이런 행위에 대해, '큰돈도 아닌데 효과가 있으면 되는 것 아니냐?' '인위적으로 팔로워 숫자를 늘리는 것도 아니고 열심히 인스타그램해서 팔로워가 느는 건데 뭐가 문제냐?' '그 정도는 대신해줄 수도 있는 거 아닌가?' 라고 업체를 옹호하는 사람도 있다. 그러나 이는 네이버 블로그가 네이버 이용자들로부터 신뢰를 잃기 시작했던 모습을 고스란히 닮았다.

조만간 혹은 언젠가는 인스타그램도 신뢰를 잃을지도 모른다. 하지만 그런 와중에도 꾸준히 이용자들과 인스타그램으로부터 사랑받는 콘텐츠를 올릴 수만 있다면 어떤 상황이든 극복할 수 있다.

인스타그램의 장점, 타깃팅 그리고 관계 형성 방법

♡ ○ ▽   ⊓

마케팅 활동을 할 때 마케터는 타깃팅Targeting을 중요하게 여긴다. 전개하고자 하는 마케팅 활동이 어떤 고객층을 대상으로 하는 지가 명확해야 효과가 높다. 예시로 밸런타인데이를 겨냥해서 출시하는 상품의 마케팅을 50~60대 주부를 대상으로 해 보자. 반응이 있을 리가 없다. 또 한 예로 소비 성향과 입소문 효과가 가장 높은 계층으로 꼽히는 20~30대가 있다. 이 연령층의 주부가 열광하는 냉장고에 대한 광고를 30~40대 남성 직장인을 타깃팅으로 한다면 어떨까? 아마 악성 댓글이 달리거나 남성들이 많이 활동하는 인터넷 커뮤니티를 중심으로 비난 여론이 어마어마할지도 모른다. '뭐? 냉장고 하나가 몇백 만 원? 미쳤구나!' 라는 식으로 말이다. 타깃팅이 잘못된 마케팅은 돈만 쓰고 아무런 효과도 없다.

반면 20~30대 여성들이 많은 인스타그램에서 해외 가방 브랜드를 마케팅한다면 어떨까? 매력적인 여성이 가방을 보며 행복한 미소를 짓는 모습의 사진에 좋아요를 누를 확률이 매우 높다. 공감대를 형성할 수 있기 때문이다.

인스타그램이 사용자층에 대한 타깃팅이 쉬워 마케팅에 좋은 채널이다. 사용자가 정말로 관심 있어 하는 것을 해시태그로 파악할 수 있고 팔로잉 관계에 있는 사람들을 통해서 마케팅 메시지를 널리 퍼뜨리기가 쉽다. 그것도 SNS의 특징인 실시간Real Time으로 말이다. 실시간 소통은 블로그나 RSSRich Site Summary/Real Simple Syndication 같은 도구에는 없는 장점이다. 내가 팔로잉 하는 사람이 무엇을 좋아하고, 무엇에 관심이 있어 하는지를 빅데이터로 보여줌으로써 마케팅 메시지에 관심이 높아진다.

또한 인스타그램이 마케팅 채널로써 소셜Social하다는 특징이 있다. 인스타그램이 기본적으로 타인과 교류하기 위해서 만든 SNS이기 때문이다. 특히 인스타그램의 주 이용자층인 20~30대가 유행과 스타일에 관심이 많으며 사진과 영상으로 하는 소통에 익숙한 계층이다. 이런 특징을 잘 살린다면 인스타그램을 고객 접점의 채널로 활용하기에 더할 나위 없다.

인스타그램에서는 해시태그로 묶으면 같은 취향, 비슷한 감정을 공유하는 사람들끼리 한 자리에서 소통할 수 있기 때문에 다른 어떤 마케팅 수단에 비해 쉽고 간편하다. 그래서 필자는 인스타그램을 '설렘이 있는 채널'이라고 부른다. 해시태그로 서로 모르는 남녀 간의 관심사를 공유하며 새로운 만남을 시작하기도 하고 이미지로 그 사람의 장인정신이나 철학을 보고 어느새 자연스럽게 관계가 돈독해지는 사이에 고객이 된다. 더 나아가서 열정적인 브랜드의 지지자와 옹호자가 될 수도 있다. 정보를 나누는 사이보다는 감정을 나누는 관계가 마케팅적으로도 더 유리하다.

마케팅 채널로서 인스타그램이 카카오 스토리나 트위터 같은 다른 SNS보다 가능성이 훨씬 크다. 인스타그램이 이미지 기반의 서비스이므로 언어의 장벽을 뛰어넘을 수도 있다. 보통 인터넷이나 SNS가 국경이 없다고는 하지만 현실적으로 언어의 장벽은 있다. 우리나라 토종 SNS인 카카오 스토리에서는 외국인들과 소통할 기회가 별로 없다. 대부분의 카카오 스토리 친구가 내 카카오톡에 뜨는 사람들과 내 카카오톡 친구의 카카오톡 친구 정도이다. 전 세계에 서비스를 제공하는 페이스북도 사정은 비슷하다. 페이스북도 카카오 스토리보다는 좀 더 다양한 사람들과 교류할 수 있지만, 한국 사람은 대부분 한국 사람끼리 주고 받는다.

어떤 외국인과 의사소통 하고 싶은 마음이 있어도 그것을 문자와 말로 표현하는 일이 쉽지 않기 때문에 단순한 팔로잉 관계에 머물러 있다. 한국 사람과 소통하고 싶어 하는 외국인에게도 마찬가지다. 우리가 영어라는 언어의 사용에 부담을 갖는 것 이상으로 외국인도 한국어로 우리와 소통하는 일에 장벽을 느낀다.

하지만 인스타그램은 굳이 그럴 필요가 없다. 마음을 나눌 수 있고 설레는 감정을 공유할 수 있는 사진 한 장으로도 소통할 수 있기 때문이다. 멋진 사진 하나로 외국의 인스타그램 사용자와 얼마든지 교감할 수 있다. 긴 글이 필요한 것도 아니어서 언어라는 심리적인 장벽을 한결 낮출 수 있다. 그뿐만 아니라 해시태그라는 윤활유를 통해 관심사가 공통인 사람들을 쉽게 찾는다.

타인과 수많은 관계를 맺고 있지만, 현대인은 다른 어느 시대의 사람들보다 외로움을 더 많이 느끼고 고독하다고 한다. 인스타그램과 같은 소셜 미디어 서비스가 인기있고 삶의 동반자로서 자리 잡을 수 있었던 이유이기도 하다. 기술의 발달로 의사소통 수단 자체는 훨씬 편리해졌지만, 마음을 나누는 소통이 역설적으로 줄어들었고 타인에게 말을 거는 행위조차 부담스러워하는 사람도 꽤 생겼다. 따라서 인스타그램은 편리해진 기술로 욕구를 채워줄 수 있는 서비스인 셈이다. 사진 한 장으로 낯선 사람과도 소통할 수 있는 인스타그램에 사람들이 점점 더 열광할 수밖에 없다.

인스타그램과 같이 SNS를 활용해서 사회 관계망을 생성하고 넓히는 비즈니스가 작은 비용으로도 많은 고객을 확보할 수 있고 브랜드 가치를 성장시킬 수 있는 좋은 수단이다. 이 비즈니스도 사람 간의 관계이므로 엄청난 돈을 들인다고 해서 관계가 좋아지거나 하지 않는다는 특성이 있다.

필자가 사람을 만날 때마다 'SNS를 해보시라'고 권하는 이유이기도 하다. 인스타그램과 같은 SNS는 누구라도 할 수 있고 돈이 없어도 할 수 있다. 그저 진실한 마음으로 소통하고 성의를 갖고 사람들과 관계를 맺으면 효과를 볼 수 있으니 이 보다 더 좋은 마케팅 툴이 어디 있겠는가.

아는 만큼 보이는 인스타그램
약관부터 알고리즘까지

♡ ○ ▽   🔖

인스타그램을 잘하기 위해서는 무엇보다 약관에 대해 확실하게 인지해야 한다. 약관은 해당 서비스를 이용하는 데에 필요한 규칙을 다룬다. 간혹 '이런 아이디어가 괜찮지 않을까?'라는 생각으로 새로운 시도를 하다가 어느 날 갑자기 운영자로부터 계정 폐쇄나 사용금지 혹은 검색 비노출 등의 제재를 받기도 한다. 대부분 약관에 기재된 사안들을 위반했기 때문에 발생하는 불상사이다. 회원 가입과 서비스 이용에 있어서 엄격하게 실명제가 원칙인 페이스북의 약관 때문에 자신의 이름이자 필명을 사용하지 못했던 사례도 있으니 참고하자.

　현실적으로 약관에 어긋나는 일은 하지 않아야 현명하다. 인스타그램을 마케팅 도구로써 활용하기에 앞서 이용약관을 꼼꼼하게 살펴볼 필요가 있다. 색다른 방법으로 팔로워 숫자도 늘리고 제법 좋은 반응을 얻었던 기발한 아이디어가 낭패를 보는 일은 없어야 한다. 그런데 약관에 의무와 권리에 대한 내용을 법률 용어로 써서 보통 사람이 읽어서는 무슨 뜻인지 잘 모른다. 이해가 잘 안 되거나 궁금한 점이 있으면 반드시 큐앤드에이Q&A 항목에 문의하자.

약관은 상황에 따라 변한다는 점도 잊지 말아야 한다. 광고를 금지하던 인터넷 서비스가 그것을 허용하는 쪽으로 방향을 바꾸면 약관상에도 그러한 변화가 반영되어야 한다. 보통 약관이나 이용 방법이 바뀌면 팝업창 등에 고지하고, 회원 가입 시 등록한 이메일로도 자세한 내용을 알린다. 인스타그램도 마찬가지이다. 약관이나 이용 방법 등을 바꾸면 마케팅도 직접적인 영향을 받으므로 꼼꼼하게 확인할 필요가 있다.

모든 인터넷 서비스에는 로직이라고도 불리기도 하는 알고리즘이 존재하는데 문제를 해결하기 위해 정해진 일련의 절차를 말한다. 알고리즘은 프로그램을 작성하는 기초가 되기 때문에 어떤 인터넷 서비스의 운영 알고리즘을 파악할 수 있다면 마케팅 전략도 세울 수 있다.

인터넷 서비스도 알고리즘을 변경하면 변한다. 이 서비스가 어떻게 운영되는지, 어떤 방법으로 검색 결과가 정해지는지에 관한 알고리즘을 파악하려고 눈에 불을 켜고 연구하는 사람들이 있다. 이들은 알아낸 알고리즘을 상업적으로 이용했다. 말하자면 네이버 블로그 메인 페이지에 특정 상품이나 서비스를 노출하기 위해서 많은 블로그 마케팅 대행사들이 네이버의 검색엔진을 연구했다. 이들은 알고리즘을 어느 정도 파악하여 얼마만 주면 메인 페이지에 올릴 수 있다는 식으로 영업을 했다.

하지만 검색 서비스를 운영하는 네이버는 자사 서비스가 오염되는 것을 막기 위해서라도 알고리즘과 운영 정책을 바꾸었다. 인터넷 서비스 회사로서는 내 비즈니스가 잘 됐으면 하지 마케팅 대행사가 잘됐으면 좋겠다고 생각하지는 않을 것이다.

한쪽에서는 알고리즘을 철저히 숨기고 반대쪽에서는 어떻게 해서든 그것을 파악해 내려고 애를 쓰는 갈등이 반복된다. 이것이 인터넷 마케팅 업계의 현실이다. 그렇기 때문에 예전에는 가능했던 아이디어가 어느 날 갑자기 할 수 없는 상황이 되고 이걸 문의해도 불가하다는 답변만 듣게 되는 것이다. 돈을 주고 마케팅을 맡겼던 클라이언트에게서 항의 전화가 여기저기서 갑자기 걸려온다.

몇 해 전, 블로그 마케팅 업계에 이런 일이 일어났다. 네이버 블로그가 인터넷 마케팅의 대부분을 차지하던 때였는데 어느 날 슬그머니 언론에 네이버의 새로운 검색엔진에 관한 기사가 나왔다. 이 기사를 눈여겨보는 사람들은 그리 많지 않았지만 새로운 검색엔진이 작동하기 시작하자 깜짝 놀라는 사람들이 속출했다. '왜 네이버에 우리 블로그가 안 나오죠?'라고 놀란 음식점 사장들이 인터넷 마케팅을 맡겼던 대행사들에 항의 전화를 했다. 파워블로거 부럽지 않던 인기 블로거의 블로그가 아에 검색에서 사라져 버렸다. 그런가 하면 작성한 지 몇 년도 더 된 블로그 포스트들이 메인 페이지에서 검색되었다. 영문을 알 수 없던 블로그 마케팅 대행사들이 원인 파악에 나섰고 그 이유를 알아냈다. 네이버의 새로운 검색엔진이 새로운 알고리즘으로 결과물을 내놓았기 때문이다. 한동안 블로그 마케팅 대행사들은 검색엔진을 분석하느라 날밤을 새워야 했다. 결국 기존의 검색엔진에 대한 알고리즘을 사람들이 파악해냈고, 네이버 검색 알고리즘을 파악한 대행사들이 검색 결과에 좋지 않은 영향을 끼친 것이다.

이들 블로그 마케팅 대행사들이 블로그를 사고파는 행위가 비일비재했고 이렇게 사들인 블로그에는 광고성 짙은 게시물을 올렸다. 지식인kin.naver.com 검색에도 죄다 광고, 홍보성 답변이 올라왔고 아에 질문과 답변이 짜인 각본대로 움직여 검색 결과에 노출되는 일도 생겼다. 대행사에 돈을 주고서도 네이버 화면 상위에 올라가니 효과가 있더라는 경험담이 퍼지기 시작하면서 노출에 관한 음성적인 뒷거래도 활성화됐다.

그 결과, 네이버 블로그는 제대로 된 정보나 콘텐츠보다는 광고, 홍보의 글이 태반이라는 인식이 생겨났고 급기야는 네이버에서 광고 글 빼고 검색하는 비결까지 등장했다. 한때 진짜 맛집 찾는 방법이라는 이름으로 인기를 끌었던 '지역명 + 오빠랑'이라는 검색 팁이 생겨난 것도 그런 맥락이다. 하지만 네이버가 선보인 새로운 검색엔진은 이전 검색엔진의 알고리즘에 빠삭했던 노하우를 하루아침에 무용지물로 만들었다. 방문자 숫자와 중요 키워드의 검색 결과 상단을 꿰차고 앉아있던 블로그 중 상당수가 속칭 저품질 블로그라는 평가를 받고 검색 결과에서 아예 사라져 버렸다.

네이버가 검색엔진을 변경하면서 불과 몇 해 전에 인터넷 마케팅 업계에서 있었던 일이다. 물론 인스타그램도 같은 길을 걸을 수 있다. 사람들에게 인기를 끌면 더 많은 사람이 몰려들고, 이 사람들에게 마케팅하려는 욕구가 따라온다. 인터넷 마케팅 전문가에게 이곳은 새로운 비즈니스 영역이 되고 이들은 인스타그램의 알고리즘을 파악하기 위해서 역량을 동원할 것이다. 그리고 결국에는 무언가를 얻어내서 인스타그램 마케팅에 사용할 것은 불을 보듯 뻔하다.

어떠한 인터넷 서비스 업체이든 자신들의 서비스가 타인이나 경쟁자에 의해서 오염되고 왜곡되기 바라지 않는다. 자신들의 서비스가 운영되는 알고리즘은 절대로 노출되어서는 안 되는 일급 비밀 중의 일급 비밀인 이유이다. 그래서 인스타그램도 주기적으로 알고리즘을 바꿀 것이다.

알고리즘뿐만 아니라 운영 정책 역시 변한다. 한 가지 예시를 들면 이제는 인스타그램에서 하루에 누를 수 있는 좋아요 수가 몇 년 전에 비해 많이 줄어들었다. 전에 좋아요 600개를 눌렀다면, 지금은 그 숫자에 훨씬 미치지 못하는 숫자만큼 좋아요를 누를 수 있다. 더불어* 우리나라를 포함한 미국, 독일, 인도, 인도네시아 등 5개국에서 일부 사용자에 한해 좋아요 수를 보여주지 않는 기능을 시범 운영한다고 밝혔다. 따라서 총 12개국 일부 계정에서는 게시글의 좋아요 숫자가 보이지 않게 된다. 이 기능은 무작위 선정된 소수 사용자에게 우선적으로 적용된다. 테스트 결과에 따라 추후 국내 사용자 전체로 확대할 예정이다. 이러한 부분은 실전에서 해봐야지만 알 수 있는 것이지만 마케팅 용도로 인스타그램을 사용하는 분들은 늘 운영 정책을 염두에 두고 인스타그램을 운영하길 바란다.

---

* https://www.bloter.net/archives/361130
  (기사 인용)

갑과 을 권력 관계를 변화시키는 SNS ⊗

인터넷과 스마트폰의 발달로 생활에 변화가 많았지만, 권력 관계의 변화를 빼놓을 수 없다. 스마트폰에 달린 사진기로 찍어서 주변에 알리는 사람이 기자나 리포터가 되었고 이를 송출하는 개개인은 1인 방송국을 만들었다. 즉, 1인 미디어 시대가 도래했다.

예전에는 언론사를 통해서 불편한 사실이나 숨기고 싶은 실수 등을 감추고 은폐가 어느 정도는 가능했었지만, 이제는 거의 불가능하다. 스마트폰으로 동영상을 촬영할 수 있고 그 자리에서 올려서 불특정 다수가 볼 수 있는 생방송까지 개인 차원의 서비스가 되었다. 예전 같으면 화제가 되는 일조차 어려웠을 법한 소식이 SNS에서 순식간에 장안의 화제가 될 수 있고, 또 SNS에서 하루 이틀 만에 내용이 뒤집히기도 한다.

이런 SNS의 급격한 발달은 전통적인 권력 관계를 변화시킨다. 고객과 기업의 관계도 달라진다. 거대 기업이 한 명의 고객에게 저지른 불친절 때문에 CEO가 기자회견을 열고 정중히 사과할 수밖에 없는 시대가 됐다. 전혀 유명하지도 않고 누군지도 모를 네티즌 한 명의 SNS가 일으킨 유행 때문에 1년간 10만 개만 팔려도 대박이라는 과자가 불과 1~2달 만에 100만 개 판매 실적을 올리기도 한다.

고객과 기업의 관계만 아니라 요즘 청년 취업도 권력 관계 변화의 조짐이 있다. 예전 같으면 면접관은 초월적인 갑甲이었고 면접자는 영원한 을乙이었다. 면접자의 눈에 들지 못하면 일자리를 얻을 수 없기 때문이었다. 하지만 이제는 인터넷과 SNS 때문에 면접장의 풍경까지 달라진다. 자칫 면접자에게 불편한 발언이나 태도를 보이기라도 하면 면접자가 올린 SNS 글 한줄 때문에 면접관은 상사에게 불려가 질책을 받고 인사고과 평점이 깎이기도 한다. 면접관이 탈락자에게 보낸 개인적인 위로의 편지 한 장이 SNS를 통해서 회사의 이미지를 끌어올릴 수도 있는 시대가 됐다. SNS 덕분에 말이다.

마케팅 현장에 불고 있는 SNS의 위력은 더욱 크다. 무언가를 네티즌들에게 숨기려 하다가는 큰 낭패를 볼 수 있다. 숨기는 것 자체가 불가능에 가깝다. 인정할 것은 인정해야 한다. 상황이 변하는데 마케터나 브랜드 담당자, CEO는 차라리 정직해져야 한다. 뼛속까지 개그맨이라고 불리는 전유성 씨가 서울 인사동에 열었던 카페의 메뉴판에는 이런 글귀가 적혀 있었다고 한다. 이 '이거 팔아서 돈 벌려고요.' 너무나 속마음을 밝힌데 대해 오히려 사람들은 손뼉을 치며 좋아했다고 한다. 눈에 보이는 뻔한 거짓말을 하느니 이렇듯 차라리 당황스러울 정도로 솔직한 모습이 신뢰를 받는 지름길이 되기도 한다.

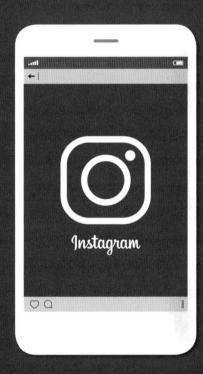

PART 3

인스타그램으로 홍보하고
매출을 올리는
최강 케이스 분석

머무르게 될 집과 그 주변의 경관을 이미지로 확인한다: 숙박 공유 플랫폼 에어비앤비

♡ ○ ▽   🔖

많은 사람이 인스타그램으로 모여들수록 마케팅에 활용하고자 하는 욕구도 덩달아 커진다. 다채로운 아이디어를 인스타그램이라는 무대 위에서 시도하므로 인스타그램 마케팅을 계획하고 있는 사람이라면 관심을 두고 흐름을 살펴볼 필요가 있다. '이런 방법으로도 마케팅이 되는구나, 이건 어떤 목적으로 하는 프로모션이지?' 등을 연구하면서 배울 수 있다. 이미 여러 분야의 여러 기업과 브랜드가 인스타그램을 마케팅에 활용하고 있다. 그중에서 대표적인 사례 몇 가지를 살펴보고 시사점을 찾아보자.

먼저 살펴볼 기업은 에어비앤비Airbnb이다. 이는 잘 알려진 바와 같이 2008년에 창립된 숙박 공유 플랫폼 스타트업이다. 무려 190개의 국가에 진출해 있으며 전 세계적으로 이용자만 6천만 명이 넘었다. 에어비앤비는 집 안에 쓰지 않는 공간을 활용해보자는 아이디어에서 시작했다. 창업자인 조Joe Gebbia, 브라이언Brian Chesky, 네이선Nathan Blecharczyk 세 사람이 3명의 디자이너에게 집을 빌려주고 공기를 넣은 비닐 매트리스와 아침 식사를 내줬다는 점에 착안해서 에어 베드 앤드 브랙퍼스트Air Bed & Breakfast를 줄여서 에어비앤비Airbnb라고 이름을 붙였다.

에어비앤비는 2011년 기준으로 예약일이 100만 일을 넘었다. 에어비앤비의 핵심 가치는 집이 거주하는 곳에서 임대하는 상품으로 전환에 있다. 집주인이 사용하지 않거나 장기간 비울 때 숙박을 원하는 사람에게 얼마는 내고 사용하라고 내놓는다. 여행객은 머물 곳이 필요하면 에어비앤비에 신청하고 집을 일정 기간 빌릴 수 있다. 에어비앤비는 이 과정에서 수수료를 얻는다.

인스타그램에서 에어비앤비는 빌려줄 집에 대한 이미지와 동영상을 등록하고 많은 사람과 공유한다. 인스타그램에서 집의 이미지를 둘러본 고객은 에어비앤비에서 본인이 머무를 집을 선택할 수 있다. 인스타그램 같은 이미지 중심의 채널은 에어비앤비와 같은 숙박 공유형 사업에 가장 적당한 채널이다.

이미지로 모든 것을 보여주는 인스타그램의 특성상 내가 머무르게 될 집에 대한 이미지와 그 주변의 경관을 이미지로 확인하므로 집을 빌려주는 사람과 집을 빌리는 사람 모두에게 알맞다. 에어비앤비의 인스타그램을 보면 전 세계에 독특하고 아름다운 숙박 환경을 볼 수 있다. 그러니 내가 가보고 싶은 나라를 여행하기 전에 숙박까지 아름다운 곳을 선정한다. 다녀온 뒤에도 에어비앤비 채널에 지속해서 방문한다.

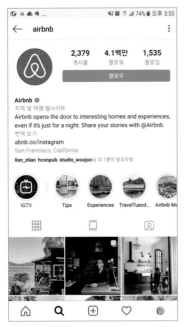

에어비앤비 인스타그램

여행 사진을 보여주는 최적의 플랫폼: 여행지 감성 공유 여행에미치다

♡ ○ ▽   ⊏⊐

여행에미치다는 페이스북에서 출발한 여행 전문 SNS 채널이다. 페이스

북에서 190만 명 이상의 팬을 확보하고 있으며 인스타그램에는 약 100

만 명의 팔로워가 있다. 현재는 스타트업으로 발전하여 다양한 비즈니

스를 펼친다. 한 대학생이 시작한 여행 채널이 이제 기존의 거대 여행

사들을 제치고 온라인에서 가장 인기 있다. 여행에미치다의 조준기 대

표는 대학 시절 취업 준비를 하던 중에 색다른 무엇인가를 해보고자 하

였고 그것을 여행 채널을 만드는 것으로 삼았다. 2014년 여행에미치다

채널을 개설할 때만 해도 기존의 온라인 여행 채널은 여행에 대한 정보

만을 제공하는 채널이 대부분이었다.

하지만 조준기 대표는 이러한 구도에서 벗어나 여행 정보보다는 여행에 대한 감성을 전달하는 쪽으로 운영 방침을 정하였고 전략은 적중했다. 여행을 떠날 사람을 타깃으로 하지 않고 여행 자체에 관한 이야기와 감성에 주목하다 보니 많은 사람이 몰려들었다. 여행에미치다에는 정보도 있지만 주로 여행하면서 느끼는 감정과 이미지 영상 등을 등록한다. 글자로 된 정보는 배제하고 멋진 여행 이미지와 동영상을 올린다. 또한 단순하게 정보 전달만 하지 않고 사람들의 참여를 유도함으로써 나도 저기에 가고 싶다든지 나도 가본 데라며 댓글이 달린다.

인스타그램은 이미지를 위주로 하고 있기에 여행 사진을 보여주는 최적의 플랫폼인데 여행에미치다 인스타그램이 아주 적절하게 활용한다. 최근에는 해시태그 자체를 팔로워 하는 인스타그램 기능이 있어 #여행에미치다 태그를 활용한 나라별 여행지 태그도 만든다. 예를 들어 일본 여행에는 #여행에미치다_일본, 유럽 여행에는 #여행에미치다_유럽과 같은 식으로 각 나라나 여행지별로 태그를 만들어서 여행지 사진과 동영상 후기를 공유한다. 이런 방식에 방문자가 자발적으로 참여하여 본인의 여행 후기 등을 나눈다. 해시태그로 하는 참여 방식은 앞으로도 더 확대될 것이고 하나의 브랜드가 정착된다면 여러 방면으로 확장할 수 있다.

여행에미치다 인스타그램

지자체도 SNS로 소통한다: 광명시

♡ ◯ ▽　　　　　　　　　　　　　　　　　　　☐

일반적으로 지자체는 SNS를 운영하기 어렵다고 생각한다. 자칫 딱딱하거나 정보 제공만 하는 계정이 되기 쉬운데 광명시는 인스타그램을 잘 운영한다. 광명시는 감성 사진을 내세워 사람들의 삶의 모습과 글귀로 공감을 얻는다. 특히나 채널을 라이프그래피라고 표현하며 인스타그램을 통해 당신의 도시와 삶을 그린다고 정의하였다. 광명시 인스타그램은 개설된 지 약 2년 정도 되었으며, 2만 명이 넘는 팔로워를 보유한다. 국내 전국 지자체 중에서는 서울, 부산, 인천에 이어 4위를 차지하였고 광명시 시민뿐만 아니라 다른 도시의 시민도 즐겨보는 계정이다. 평균 좋아요 개수는 1천 개에서 1천 3백 개로 호응이 높다.

광명시를 홍보하는 공식 인스타그램

신선한 재료 먹음직스러운 사진: 마켓컬리

♡ ◯ ▽   ⬚

국내 최초 새벽 배송이라는 모토로 시작한 마켓컬리www.kurly.com는 식자재 배송 스타트업이다. 새벽 배송, 샛별 배송을 내세우며 당일 수확한 채소, 과일 등 선도가 중요한 식자재를 남들은 자고 있을 시간인 이른 아침부터 집 앞으로 배달한다. 이를 통해 많은 이들이 아침부터 배달된 신선한 재료로 맛있는 음식을 만들 수 있게 되면서 유명해졌다. 또한 유명 여배우 전지현을 전속 모델로 하여 배송 업계에 새바람을 불러일으켰다.

마켓컬리는 페이스북, 인스타그램 등을 운영하지만, 그중에서 가장 반응이 좋은 SNS 채널은 인스타그램이다. 마켓컬리의 페이스북은 광고

마켓컬리 인스타그램

성 콘텐츠를 주로 다루는데 반면 인스타그램은 광고성 콘텐츠보다는 인스타그램의 특징인 사진 기반의 콘텐츠로 사람들의 반응이 좋다. 마켓컬리의 공식 인스타그램 계정 게시물을 보면 모든 게시물 사진이 광고성이 거의 없는 예쁘고 먹음직스러운 사진 한 장으로 시작한다.

게시글 또한 단순 홍보문구가 아니라 사진에 대한 특징을 설명하거나 상상 속에서 직접 맛을 보는 것 같이 섬세하게 표현하여 구매 욕구를 극대화한다. 그뿐만 아니라 #마켓컬리 해시태그를 이용한 이벤트를 해서 마켓컬리 상품을 고객이 자기 계정에 올리도록 유도한다. 소비자가 마켓컬리에서 구매한 상품에 대해 올리면 위에서 설명한 해시태그 자체를 팔로워 하는 인스타그램의 기능이 작동한다. 그 결과로 #마켓컬리추천상품 #마켓컬리레시피 #마켓컬리장바구니 #마켓컬리대란템 #마켓컬리피자 등 실제 소비자가 마켓컬리를 홍보할 수 있는 마켓컬리만의 문화를 만들었다.

이렇듯 인스타그램은 광고성이 짙은 콘텐츠가 아니라 시각적인 효과를 높인 콘텐츠로 소비자와 관계를 만드는 SNS 채널이다.

구직자와 소통하는 채용의 정석: 롯데백화점

♡ ◯ ▽   ⬚

롯데백화점은 직원의 채용을 위해 인스타그램을 적극적으로 활용하고 있다. 딱딱한 느낌을 줄 수 있는 채용 설명회와 달리 접근하기 쉽고 흥미로운 정보를 인스타그램에 연재한다. 더불어 롯데백화점 직원이 직접 출연하여 본인의 직무를 소개함으로써 롯데쇼핑에 구직 의사가 있는 구직자에게 직무에 대한 정보를 간접적으로 체험할 수 있도록 한다. 최근에는 인스타그램에서 라이브 채용 설명회, 채용 웹툰, 세상에서 가장 마음 편한 면접장, 면접 알림 토크Talk 등의 활동을 하며 소통한다.

팟캐스트 형식의 취업 준비생 라디오 코너도 개설하여 인스타그램에 등록했다. 롯데백화점에 관심 있는 구직자를 대상으로 전화 연결을

롯데백화점 채용관련 인스타그램

하여 롯데백화점의 인턴십 등 직무에 대하여 상담할 수 있다. 인스타그램이 단순히 기업 홍보의 구색을 맞춘 보여주기 채널이 아니라 실제 구직자와 소통하는 채널이다. 이렇게 기업은 구직자의 의견을 듣고 기업의 이미지를 좋게 하는데 인스타그램을 활용할 수 있다.

지금 핫한 국민청원, 인스타그램에서 확인하세요: 국민청원

♡ ◯ ▽   🔖

국민청원 시스템은 2017년 8월, 문재인 정부 출범 100일을 맞이하여 청와대 홈페이지를 국민 소통 플랫폼으로 개편하면서 신설했다. 청원은 정치 개혁, 외교·통일·국방, 일자리, 미래, 성장 동력, 농산어촌, 보건복지, 육아·교육, 안전·환경, 저출산·고령화 대책, 행정, 반려동물, 교통·건축·국토, 경제 민주화, 인권·성 평등, 문화·예술·체육·언론, 기타 등 17가지로 분류하며 거의 모든 분야에 걸쳐 있다. 그중에서도 특히 인권, 성 평등, 정치개혁에 관련된 청원에 호응이 많다. 이제 국민청원은 청와대 홈페이지에서 뿐 아니라 인스타그램에서도 할 수 있다.

국민청원 인스타그램

    인스타그램에서 국민청원이라고 검색하면 여러 형태의 게시물을 볼 수 있다. #국민청원 해시태그 개수는 무려 1만 9천 5백 건이며 계속해서 증가한다. 이제 국민들은 예전처럼 부당한 일에 수동적이지 않다. 이는 SNS 채널인 인스타그램에서도 확인이 가능하다.

15년간 이어온 사랑을 볼 수 있다:
스타벅스 다이어리 이벤트

♡ ○ ▽   🔖

스타벅스Starbucks 계정은 인스타그램에서 사례가 가장 많다. 텀블러와 같은 상품에 관해서도 관심을 모았고 다이어리도 인기가 많다. 스타벅스의 다이어리는 2004년에 출시하여 2019년인 지금까지도 인기이다. 단지 스타벅스의 로고가 새겨진 이 수첩을 왜 그렇게 갖고 싶어 하는 것일까? 스타벅스 다이어리는 마셔야 하는 음료 3잔을 포함하여 총 17잔의 음료를 구매하면 받을 수 있다. E-프리퀀시라는 e-스티커를 적립하여 받는다. 그러나 아무 때나 받을 수 있는 것은 아니며 연말부터 연초까지 특정 기간에만 받을 수 있다.

우리는 보통 한정판에 열광한다. 스타벅스의 다이어리는 한정판 굿

#스타벅스다이어리

10.3만 게시물

팔로우

매주 인기 게시물을 확인해보세요

관련 항목: #일기 #감동글귀 #공감글귀 #글귀스타그램 #ㄹ

인기 게시물   최근 게시물

스타벅스 다이어리 인스타그램

즈라는 프리미엄까지 붙었다. 또한 시중에 판매하는 평범한 디자인이 아닌 특정 브랜드와 연계하여 제공하고 있기 때문에 더욱더 인기다. 구입해야 하는 음료가 보통 음료보다 값이 더 나감에도 불구하고 다이어리를 받기 위해서 음료를 사는 기현상이 벌어진다. 스타벅스의 탁월한 마케팅 전략을 볼 수 있다.

한정판으로 구매한 다이어리는 당연히 인스타그램에서 인증 샷으로 떠오른다. 그리고 '나도 내년에는 꼭 스타벅스 다이어리 받아야지!'라는 결심으로 이어진다. 인스타그램과 같은 허세 가득한 미학의 채널에서는 특별한 아이템을 찍은 사진에 나도 도전하거나 따라 하고 싶은 마음을 불러일으킨다. 2004년에 출시한 스타벅스 다이어리는 15년이 지난 지금까지도 여전히 많은 게시물과 관심이 쏠린다.

⭕ STORY #8

엔드게임 열풍, 전 세계를 강타하다: 어벤져스

♡ ○ ▽   ☐

어벤져스Avengers의 마지막 이야기인 엔드게임Endgame은 전 세계 마블 Marvel 애호가뿐만 아니라 일반인들에게까지 많은 관심을 불러일으켰다. 일반적으로 마블 영화는 영웅이 나오는 영화를 보는 소수 층만 보는 영화였으나 어벤져스에서 모든 영웅을 모으면서 다음 이야기가 궁금해지도록 이야기를 짰다. 이런 전개로 일반적인 블록버스터와 차별화를 두었다.

어벤져스 영화를 보기 위해서는 다른 마블의 영화도 보아야 하기에 어벤져스 영화가 한번 개봉되면 마블 사의 기존에 다른 영웅 영화도 같이 시청률이 상승하는 효과가 있었다. 어벤져스: 엔드게임은 기존 전

어벤져스 인스타그램

세계 최다 관객 수를 기록한 타이태닉을 이미 뛰어넘어 국내에서는 개봉 1주일 만에 1천만 명을 넘겼다.

영화를 보고 나오는 모든 사람이 #어벤져스 해시태그에 인증샷을 남길 정도로 후기 행진이 이어졌으며, 영화 개봉 전 배우들의 스포일러 금지 포스팅 등이 인스타그램 등의 각종 SNS에 올라오면서 더 많은 궁금증과 관심을 불러일으켰다.

연예인보다 더욱 강력한 홍보대사: 일반인 인플루언서 시대

♡ ○ ▽   ⊓

이번에는 웬만한 연예인 부럽지 않은 인스타그램의 대표 춈미를 소개한다. 춈미는 약 42만 명의 팔로워를 보유하고 있는 인플루언서이다. 인스타그램에서 활발하게 활동하는 20~30대 여성 중에서도 많은 여심의 표를 받은 인플루언서라고 할 수 있다.

현저하게 사진과 동영상이 돋보이는 인스타그램 플랫폼의 특성상 메이크업, 의류, 잡화 등의 업종이 효과적이다. 그래서 여성을 타깃으로 하는 이미지 마케팅 활용에 자유로운 업종이 더 잘 눈에 띈다. 게다가 소비자들은 적어도 인스타그램에서만큼은 아무리 좋은 상품이라도 단순하게 판매만을 하는 판매자를 선호하지 않는다. 그만큼 SNS는 사용자들끼리 소통이 중요한 채널이다. 이에 따라 앞에서 말한 부분을 잘 활용하며 계정을 운영하는 일반인 인플루언서 촘미를 살펴보자.

촘미의 인스타그램을 살펴보면, 단순하게 인스타그램을 사용하는 것이 아니라 상품 판매자라고 단번에 프로필에서 알 수 있다. 하지만 촘미의 피드를 내려 살펴보면 판매하는 상품을 언급하며 홍보하는 게시글보다 일상을 올리면 팬들이 활기차게 올리는 댓글이 자연스럽게 다가온다.

여기서 촘미가 일반인 대형 인플루언서로 우뚝 선 이유를 알 수 있다. 즉, 왜 소비자가 촘미를 좋아할까? 이유는 아주 간단하다. 우리가 일상에서 연예인을 언급할 때 종종 "연예인이니까~."라는 말을 가끔 한다. 연예인을 갈망하고 팬심으로 무언가를 충족하는 사람도 많지만, 한편으론 연예인은 우리와는 다른 세계에 사는 존재라고 거리감을 느끼기도 한다.

일부 소비자는 촘미와 같이 연예인이 아닌 지극히 평범한 외적인 조건에 친근함을 느낀다. 나와 현실에서 똑같이 고군분투하며 직장 생활을 하던 촘미의 일상에 열광하고, 남편과 함께 하는 모습과 미래에 대한 불안과 걱정 등의 심리 상태를 공감하며 얼굴 한번 본 적 없는 사이지만 인스타그램 안에서 유대 관계를 쌓아간다. 이러한 유대 관계는 자연스레 촘미가 어떠한 상품을 올렸을 때 그 소비자는 촘미를 지인이라고 느끼며 특별한 거부감 없이 구매한다. 이는 촘미라는 브랜드의 브랜

7:44
_chommy
3,564
게시물
35.5만
팔로워
313
팔로잉
팔로우
춈미
다이렉트 메세지 읽지않아요.
선물 쇼룸으로 보내주시는것 정중히 사양합니다..
협찬,광고,고민상담,청원요청,게시글기재요청 받지 않습니다.
판매관련된 홍보나, 설명, 문의는 모두
오피셜계정(@thechommy_official)에서만 받습니다.
blog.naver.com/thechommy
mooming_room, me_mo_j_, keaienjing
춈미

춈미 인스타그램

딩 효과로 이어지고 사업적으로 성장한다.

하지만 세상을 살아가며 늘 좋은 일만 가득할 수 없듯이, 일반인임에도 불구하고 온라인이라는 어마어마한 확장성 때문에 때로는 그림자가 생기기도 한다. 다시 말해 연예인이 때때로 악성 댓글에 시달리고 네티즌들의 성화를 이겨내는데 겪는 상당한 괴로움이 춈미처럼 일반인 대형 인플루언서에게도 적용된다는 의미이다. 이만큼 인스타그램의 파급력은 상상 이상으로 강력하고 온라인의 힘은 거세다.

해시태그로 대동단결: 플라스틱 챌린지 캠페인

♡ ○ ▽   ☐

세상은 결코 혼자 살아갈 수 없으며 특하나 우리 주변에서 종종 일어나는 캠페인은 한 사람이 절대 할 수 없다. 아무리 뛰어난 사람도 많은 사람의 참여가 필요한 캠페인은 도움과 관심이 필요하다. 아이스버킷 챌린지를 시작으로 각종 캠페인이 SNS에서 퍼졌다. 인스타그램에서 적극적으로 펼쳐진 캠페인의 예로 '플라스틱 프리 챌린지'라는 캠페인을 소개하겠다.

여러 계층의 사람이 각자의 방식으로 플라스틱 챌린지에 동참하며 참신한 콘텐츠와 함께 선한 영향력을 끼친다. 나 하나쯤 피해가려는 생각을 버리게 해주는 공개 지목 시스템으로 인스타그램 내에서 크고 작

플라스틱 챌린지 인스타그램

은 여론을 형성한다. 더불어 군중 심리가 작용해서 인스타그램 사용자는 자신의 상황에 맞게 캠페인에 참여한다.

내가 지금 만약 무슨 일을 꾸미기에 앞서 사람들의 의견을 모아야 하거나 사람들이 참여하기를 바란다면 주변 지인부터 지목하여 캠페인을 만들어보자. 지인을 시작으로 지금 내가 생각하고 있는 그 이상의 범주로 뻗어 나갈 수 있는 힘이 해시태그에 있다. 나아가 함께 참여하는 사람들끼리 형성한 공감대는 그 어떤 SNS 플랫폼보다 끈끈하다. 인기 게시물과 최근 게시물 등 해당 해시태그를 검색하여 나와 같은 생각을 지닌 사람을 손쉽게 찾을 수 있다.

인스타그램으로 생중계된 사고: 노트르담 대성당 화재

♡ ◯ ◁   ▢

2019년 4월 15일, 파리의 상징과도 같은 노트르담 대성당에 화재가 발생했다. 지붕과 첨탑이 소실되는 등 그 피해는 참담했다. 그런데 필자는 처음 이 사건을 뉴스 보도가 아니라 인스타그램을 통해 접한 것이다.

스마트폰이 발달하여 1인 방송이 가능하기에 전국 곳곳, 세계 곳곳에서 일어나는 일을 찍은 누구나 순식간에 온라인에서 퍼뜨릴 수 있다. 이전에는 특정 집단만이 뉴스를 송출했다면 지금은 아무나 현장에서 보고 들리는 모든 것을 생생하게 전달한다.

특히 인스타그램에서는 사진과 동영상을 올려서 사건을 현장에서 즉시 입체적으로 전달할 수 있으니 그 어떤 뉴스 보다 빠르고 생생하

노트르담 대성당 화재 동영상 인스타그램

다. 더불어 해시태그를 이용하여 빠르게 압축한 정보를 모으고 알릴 수도 있다.

인스타그램의 이러한 기능의 활용은 앞으로도 실시간 정보 공유라는 대세를 타고 지속될 것이다.

물론 악의적인 생중계 혹은 범죄의 노출 같은 부정적인 사용에 대한 위험이 없는 것은 아니지만, 전 세계를 이어가는 빠른 공유 측면에서는 사실을 전달하는 도구로서 앞으로도 제 역할을 담당할 것이다.

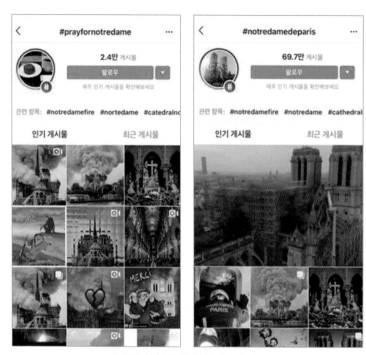

노트르담 대성당 화재 사진 인스타그램

하루만 투자하면
알게 되는
실전 인스타그램

일단 가입하고 운영은 다음에 고민하자: 인스타그램 가입하기

♡ ○ ▽   🔖

구글 플레이 스토어에서
인스타그램 내려 받기

인스타그램을 이용하려면 인스타그램 애플리케이션을 내려 받은 뒤 계정을 만든다. 인스타그램 계정을 만드는 방법은 자신이 사용하는 스마트폰의 운영체제에 따라서 약간의 차이가 있다. 안드로이드 스마트폰은 구글 플레이 스토어Google Play Store에서 인스타그램을 찾아 내려 받는다.

아이폰을 사용할 때는 앱 스토어App Store에 접속, 인스타그램으로 검색을 하면 폴라

스마트폰에서 인스타그램 가입하기

로이드 사진기 모양의 인스타그램 아이콘이 눈에 띤다. 그것을 클릭하면 가입 절차가 있다. 계정을 만들고 가입이 완료되면 PC에서도 인스타그램을 이용할 수 있다.

내려받은 인스타그램 애플리케이션이 설치 완료되면 인스타그램 아이콘을 터치하여 프로그램을 열고 가입하기를 터치한다. 가입하는 방법은 페이스북 회원 정보로 가입하는 방법과 자신이 사용하는 이메일 주소를 입력하고 가입하는 방법이 있다.

페이스북 계정을 통한 가입은 페이스북이 인스타그램을 인수하고 추가된 방법인데, 페이스북 회원이라면 간단히 페이스북으로 로그인을 터치하고 자신의 페이스북 계정으로 가입하면 가입 절차가 완료된다. 단, 현재 페이스북 계정에 로그인 상태가 아니면 로그인하라는 메시지가 나오기 때문에 페이스북에 로그인한 상태로 인스타그램 계정을 만들기가 더 편리하다.

　이메일 주소를 입력하고 가입하는 방법은 가입하기를 터치한 다음, 자신이 현재 사용하고 있는 이메일 주소를 입력한다. 다음 단계로 가면 사용자 이름과 비밀번호, 프로필 정보를 입력하는 페이지가 나온다. 정보를 입력한 뒤 완료를 터치하면 가입 절차가 끝난다. 프로필 수정은 나중에라도 가능하므로 멋진 문구를 한번에 프로필에 쓰려고 고민할 필

인스타그램 이메일로 가입하기

요는 없다. 간단하게 이름 정도만 적은 후 가입해도 된다.

가. 인스타그램 애플리케이션을 설치하고 애플리케이션을 터치하면 다음과 같은 화면이 나온다. 전화번호로 가입하는 방법을 선택하면 자신의 휴대 전화 번호를 입력한 후 인증 코드를 받아 넣어 진행한다. 여기에서는 이메일로 가입하기를 선택한다.

나. 가입하고자 하는 이메일을 입력하고 다음을 터치하면 사용자 이름과 비밀번호를 입력하라는 화면이 나온다. 이름과 비밀번호를 입력하고 다음으로 넘어간다. 이름은 계정에서 사용할 이름을 말하는데 일

인스타그램에서 사용할 이름과 비밀번호 넣기

반적으로 한글 성명을 많이 사용한다. 이름은 언제든지 수정할 수 있다.

다. 사용자 이름은 @instagram처럼 아이디를 나타내는 부분이다. 나의 계정이므로 타인과 중복되지 않고 기억되기 쉬운 것으로 정하면 좋다. 사용자 이름까지 입력한 후 다음 단계로 간다.

인스타그램 사용자 이름 만들기

라. 화면과 같이 친구 찾기를 통해 나와 연결된 사람들을 검색하고 친구로 추가할 수 있다. 건너뛰기를 눌러 나중에 선택할 수 있다.

인스타그램에서 친구 찾기

마. 애플리케이션을 설치하고 이메일을 입력하여 회원 가입을 했거나 페이스북 아이디로 가입해서 인스타그램에 들어왔다면 인스타그램 마케팅을 위한 첫째 관문을 통과한 셈이다. 이제 빈 화면의 인스타그램의 프로필 수정을 클릭하여 나의 프로필을 편집한다. 프로필 사진 부분을 터치하면 원하는 형태의 사진을 삽입할 수 있다. 프로필 수정을 눌러 자기 소개나 웹 사이트의 정보를 입력하여 구성하면 된다.

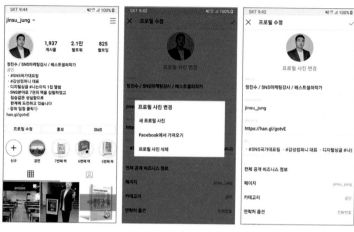

인스타그램에서 프로필 수정

인스타그램에서 로그아웃

인스타그램에서는 계정을 5개까지 추가할 수 있다. 원래 인스타그램에서 다른 계정을 사용하기 위해서는 로그 아웃을 한 후, 다른 계정으로 다시 로그인해야만 하는 번거로움이 있었다. 이런 번거로움 때문에 기업의 마케터나 개인 계정과 브랜드 계정을 동시에 운영하는 사람들에게는 불편했다.

하지만 이제는 인스타그램 애플리케이션 안에서 여러 계정으로 접속할

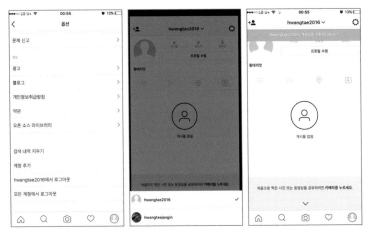

인스타그램에서 계정 추가

수 있다. 계정 전환기능을 사용하면 로그아웃 없이 다른 인스타그램 계정으로 로그인할 수 있다. 이 기능을 사용하기 위해서는 프로필 설정 부분에서 추가라는 단추를 터치한 후 계정을 추가로 입력하면 된다. 프로필에 있는 사용자 이름을 터치하여 다른 계정으로 바꾼다. 자신이 현재 사용하고 있는 계정은 화면 오른쪽 밑에 프로필 사진으로 알 수 있다.

오른쪽 위의 톱니바퀴 모양을 터치해 들어가면 설명이 있다. 프로필 사진뿐만 아니라 비밀번호 변경까지 할 수 있다. 비공개 계정이나 비즈니스 계정으로 변환과 계정 추가가 가능하다. 비즈니스 계정은 비공개 계정으로 설정이 되어 있으면 만들 수 없다.

비즈니스 프로필로 전환을 선택하여 인스타그램 비즈니스 도구가 나

인스타그램 계정 정보 변경

오면 계속을 터치한다. 페이스북에 연결하기에서 연결하고자 하는 페이스북 페이지를 선택하고 다음으로 넘어가면 인스타그램 비즈니스 계정으로 전환할 수 있다. 페이지가 없더라도 인스타그램에서 바로 페이지 개설이 바로 가능하니 참고하도록 하자.

인스타그램 비즈니스 도구에서 계정 전환

기본이 튼튼해야
성장도 가능하다:
인스타그램 기본 기능

♡ ○ ▽   ⬚

인스타그램의 가입까지 완료하였다면 이제 본격적으로 인스타그램의 기능에 대해 알아보자. 아이폰이든 안드로이드든 스마트폰에서 보이는 모습은 비슷하다. 또 사용이 편리하고 간단하기 때문에 누구라도 따라 할 수 있다.

인스타그램 프로필 화면

가. 프로필 사진

프로필 사진은 인스타그램의 얼굴이자 정체성을 표현하는 곳이다. 둥근 원에 원하는 이미지나 그림을 넣어주면 된다. 일반적으로 브랜드

정진수 / SNS마케팅강사 / 베스트셀러작가
공인

- #SNS국가대표팀
- #감성컴퍼니 대표
- 디지털싱글 #나는아직 1집 앨범
- SNS분야로 7권의 책을 집필하였고
  집승같은 성실함으로
  한계에 도전하고 있습니다
- 강의 일정 클릭👆

필자의 프로필 화면

의 로고나 상징이 될 만한 것을 주로 넣는다.

나. 게시물, 팔로워, 팔로잉

게시물: 지금까지 내가 올린 게시물의 수를 알려준다.

팔로워: 나를 팔로우하여 나의 게시물을 구독하고 있는 사람 또는 계정을 나타낸다.

팔로잉: 내가 소식을 받기 위해 팔로우를 누른 계정을 나타낸다. 팔로잉해 두면 해당 계정의 인스타그램 활동 소식을 받아 볼 수 있다.

언팔: 팔로잉을 끊었다는 말이다.

맞팔: 나와 상대방이 서로 팔로잉을 해준다는 뜻이다.

다. 연락하기

비즈니스 계정에서만 제공하는 기능으로, 내 계정으로 연락이 가능하다. SMS 보내기, 전화하기, 이메일 보내기 등의 방법을 사용할 수 있다.

라. 프로필 수정

인스타그램 프로필을 상황에 맞게 수정한다.

프로필 수정 화면

프로필: 인스타그램 화면에서 굵은 글씨로 표시되는 부분으로 검색 창에서 검색하면 아이디 밑에 표시된다.

아이디: 검색 창에서 찾고자 하는 아이디를 입력하여 해당 아이디의 인스타그램을 찾을 수 있다.

링크: 인스타그램은 본문에서 외부 링크를 연결할 수 없지만, 유일하게 프로필 부분에서 링크를 걸 수 있다. 그래서 여기에 브랜드의 대표 블로그, 홈페이지, 쇼핑 몰, 상담 채널 등을 입력하여 링크로 연결해 두면 좋다.

소개: 굵은 프로필 밑에 인스타그램 또는 인스타그램에서 홍보하고자 하는 브랜드를 설명하는 공간이다. 이모지와 함께 사용할 수 있다.

개인정보: 설정한 이메일 주소, 휴대 전화 번호, 성별 등을 표시한다.

마. 타임라인과 게시물 유형

바둑판 모양 게시물 표시: 내가 올린 게시물을 바둑판 형태로 확인할 수 있기에 한눈에 보기 편하다. 바둑판 모양으로 확인할 때 1줄에 3개의 게시물이 보인다.

회원이 나온 사진: 다른 사람이나 다른 아이디가 나를 태그하여 게시물을 올렸을 때 나타난다.

인사이트: 내 인스타그램 게시물의 노출 수, 도달 수, 프로필 조회 수,

인스타그램 인사이트 보기

웹 사이트 클릭 수, SMS 클릭 수, 인기 게시물이나 팔로워에 대한 분석이 가능하다.

바. 인스타그램 게시물 아래 메뉴

집 모양홈: 내가 팔로잉하고 있는 친구의 게시물을 확인할 수 있다.

돋보기 모양검색: 사람, 추천 콘텐츠, 해시태그, 장소 등의 검색이 가능하다.

네모 안에 더하기 기호게시물 올리기: 사진을 바로 찍어 올리거나 사진 폴

인스타그램 홈화면

더에서 사진을 선택해서 사진과 영상을 인스타그램에 올릴 수 있다. 게시물 하나당 올라가는 사진과 동영상 수의 총합은 10장이다.

하트 모양활동: 내 계정에 팔로우, 좋아요, 댓글 등의 내용을 확인할 수 있다.

동그란 사진프로필: 내 프로필을 수정하고 관리할 수 있다. 본인이 올린 이미지가 쌓이는 공간이기도 하다.

메시지 보내기: 관심 있는 사람들에게 메시지를 보낼 수 있다. 디엠DM 이라고도 하며 다이렉트 메시지의 줄임말이다. 이때 쪽지를 주고받

았던 시간을 확인할 수 있는데, 왼쪽에서 오른쪽 또는 오른쪽에서 왼쪽으로 잠금 해제하듯 밀면 보인다.

게시물 아래 하트모양: 누르면 게시물에 좋아요를 남길 수 있다.

게시물 아래 종이비행기 모양: 게시물에 댓글을 입력할 수 있다. @를 사용하여 다이렉트 메시지로 전달되기도 한다. 또한 댓글 하나하나에 좋아요를 클릭할 수 있다.

실력 업그레이드
새로운 기능으로 익히기:
사진과 동영상 만들기

♡ ○ ◁   ⎁

인스타그램은 2010년 출시 이후 기능을
추가하거나 자주 사용하는 애플리케이
션을 기존 기능에 더하여 편의성을 도모
했다.

새로운 기능이 추가된 인스타그램
화면

가. 라이브 스토리

하단의 홈 화면 상태에서 왼쪽 위의 사

새로운 기능이 추가된 인스타그램

인스타그램 라이브 방송 화면 1

진기 모양이나 내 스토리를 선택하거나 인스타그램 화면을 오른쪽으로 밀면 실행한다. 스토리 동영상을 촬영할 때 실시간 생방송까지 가능하다. 텍스트, 라이브, 일반, 부메랑Boomerang, 슈퍼 줌, 역방향 재생, 핸즈프리Handsfree 기능도 있다. 만든 라이브 스토리는 상단에 프로필 사진으로 24시간 보이며, 24시간 이내에 올린 스토리를 한꺼번에 저장할 수 있다.

라이브: 최대 1시간까지 생방송이 가능하다. 그리고 댓글로 소통할 수 있어 유명인, 기업, 파워 블로거, 파워 인스타그래머 등이 주로 사용

한다. 팔로잉하는 사용자가 라이브 스토리를 시작하면 피드 화면 스토리 바에 있는 동그란 대문 사진에 알림 표시가 보인다.

인스타그램 라이브 스토리를 실행한 뒤 라이브를 선택하고 라이브 방송 시작을 터치하여 방송을 시작한다. 오른쪽 위의 종료를 터치하면 방송을 마친다.

인스타그램 라이브 방송 화면 2

인스타그램 라이브 방송 진행 및 종료

일반: 일반 게시물과 달리 좋아요를 누르거나 댓글을 달 수 없다. 사진을 찍어 이야기를 만들고 인스타그램 다이렉트 기능으로 이용자끼리 메시지를 주고받거나 대화할 수 있으며, 특정 팔로워만 골라서 스토리를 보내고 공유할 수 있다.

인스타그램 라이브 스토리

라이브 방송: 인스타그램 라이브 스토리가 실행되면 라이브를 선택하고 라이브 방송 시작을 터치하여 방송을 시작한다. 오른쪽 상단의 종료를 터치하여 방송을 종료할 수 있다.

인스타그램 라이브 방송 기능

다양한 효과와 프레임이 있으니 활용하여 방송하면 보다 재미있는 방송을 할 수 있다.

텍스트: 인스타그램 스토리 텍스트 모드는 자유롭게 글자를 입력하면 된다. 상단의 모드에 따라 네온, 타자기, 강조, 모던 등으로 변경 가능하다. 아울러 하단 우측에 있는 카메라 표시를 누르면 원하는 배경을 바탕으로 설정도 가능하니 참고하도록 한다.

인스타그램 텍스트 기능

만들기: 상단 아이콘에 있는 스티커 트레이 안에 있던 일부 스티커가 하단 화면에 추가되었다. 과거의 오늘, 설문, 질문, 카운트다운, 퀴즈버튼이다. 주로 사람들과 실시간 소통을 할 수 있는 기능들인데 다양하고 기발한 질문 등을 활용하여 사람들의 반응을 유도하고 참여하도록 한다.

인스타그램 만들기 기능

아웃 포커스: 카메라가 얼굴을 자동으로 인식해 배경은 흐릿하고 인물이 강조된 사진과 영상을 촬영할 수 있다. 해당 기능은 렌즈카메라나 스마트폰에 있는 아웃 포커싱 효과를 나타내는 것으로 여러 효과가 있어 다양하게 찍어볼 수 있다.

인스타그램 아웃 포커스 기능

부메랑: 기존 부메랑 애플리케이션에서 제공하던 기능이 인스타그램 안으로 들어왔다. 인스타그램의 새로운 기능으로 15초 동영상이나 움직이는 사진을 만든다.

인스타그램 부메랑 기능

찍은 사진에 직접 단어를 쓰거나 문자를 입력하여 게시물을 꾸밀 수도 있다. 화면 상단의 스마일리 페이스Smiley Face 이모지Emoji, 감정 그림 문자, 감정을 표현하는 유니코드의 그림 문자 처리 기술를 터치하면 활용할 수 있는 스티커가 나타난다. 손으로 글씨를 쓰거나 키패드에서 글자 입력이 가능하다. 스티커를 길게 누르고 아래로 내리면 삭제도 가능하다.

인스타그램 라이브 스토리 스티커로 꾸미기

인스타그램 라이브 스토리 글자 입력해서 꾸미기

슈퍼 줌: 줌 효과를 넣어서 스토리 동영상을 촬영할 수 있다. 재미있는 효과가 여럿 있으니 시도해 보자.

인스타그램 슈퍼 줌 기능

핸즈프리: 악기 연주 등 양손을 모두 사용해야 할 때 영상 촬영은 촬영 단추를 누르고 있지 않아도 스토리 동영상을 촬영할 수 있다. 핸즈프리 역시 재미있는 기능이 많으니 다양하게 적용해 보자.

인스타그램 핸즈프리 기능

나. 북마크 Save Posts

인스타그램 피드에서 보이는 게시물을 내 계정에 비공개로 저장할 수 있다.

인스타그램 북마크 기능

게시물 오른쪽 아래의 북마크 리본을 터치한 후 내 계정으로 돌아와서 게시물 형태 옆의 리본을 터치하면 바로 전에 저장한 이미지를 확인할 수 있다. 저장할 필요가 없다면 다시 게시물의 리본을 터치하여 흰색리본으로 변경하면 된다.

인스타그램 북마크 리본 터치 후 내 계정에서 확인

이웃과 관계를 늘리는 비법: 콘텐츠 올리기

♡ ○ ◁   ⊓

인스타그램에서 사진 올리기

인스타그램에서는 사진으로 표현하고 적절한 문구와 해시태그를 넣어서 소통한다. 인스타그램에서 좀 더 많은 사람으로부터 호응을 유도할 수 있는 인스타그램 게시물에 대해서 알아보자.

　인스타그램의 홈 화면은 내가 팔로잉하는 인스타그램 친구의 글이 보이는 영역이다. 인스타그램은 카카오 스토리와 다르게 게시물을 올린 시간순으로 보이지 않는다. 이웃과 관계도를 계산해서 댓글이나 좋아요 등을 남긴 사람의 글 중심으로 먼저 보이도록 알고리즘페이스북 시스템이 되어 있다.

사진을 선택하고 다음으로 넘어가서 사진의 설명과 해시태그를 넣어서 작성한다. 사진이 올라가고 해시태그 부분의 글씨가 파란색으로 보이면 활성화된 것이다.

사진에 해시태그 작성하기

인스타그램에 올라가는 사진은 정사각형이다. 물론 지금은 여러 형태의 사진을 올릴 수 있고 조절도 가능하다. 그리고 필터 애플리케이션

인스타그램에 올린 사진

이 있어서 필터를 적용한 사진기로 찍어서 올릴 수 있다. 초창기에만 해
도 필터의 종류가 없었기 때문에 인스타그램의 필터를 활용해서 올리
는 방법이 인기가 있었다.

　인스타그램에 올라가는 동영상의 최대 재생 시간은 60초로 기업 홍
보니 이미지 광고에서 많이 사용한다. 초창기에는 15초였기 때문에
60초는 꽤 늘어난 시간이다. 60초라는 시간 동안 얼마나 효과적으로
전달하느냐가 가장 중요하다. 인스타그램에 올리는 사진이나 동영상

사진찍을 때 적용할 수 있는 필터

에 대한 설명은 재치 있는 짧은 문장이 긴 문장보다 낫다. 유튜브의 시

세 확장으로 볼 때 앞으로 동영상은 중요한 수단이니 동영상을 최대한

잘 활용하자.

　인스타그램에서 다른 계정이나 사람들과 소통하는 대표적인 방법이

해시태그다. 활성화되어 있는 해시태그를 선택하면 같은 관심사나 같

은 해시태그를 사용한 글을 모두 확인할 수 있다.

PC에 특화된 기능:
인스타그램 PC 버전 사용하기

♡ ○ ▽   ⊓

기본적으로 인스타그램은 모바일 전용 애플리케이션이지만, 개인 컴퓨터에서도 사용이 가능하다. 지금부터 PC에서 인스타그램을 사용하는 방법에 대해 알아보겠다.

가. 인스타그램 홈페이지www.instagram.com에 접속하여 본인이 사용하는 계정 이름과 비밀번호를 입력하여 로그인한다.

나. 로그인을 하면 홈, 검색 창, 내 프로필이 상단에 있고, 아래 피드 공간에는 내가 팔로잉하는 계정의 게시물이 올라온다.

PC용 인스타그램 화면

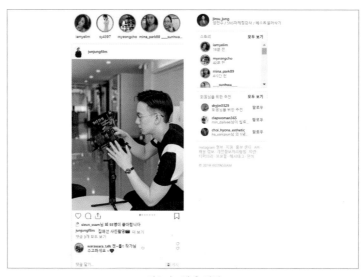

인스타그램 홈 화면

다. 검색 창에서 관심 있는 해시태그를 입력하면 관련 인스타그램 게시물이 나타난다.

인스타그램에서 해시태그 검색

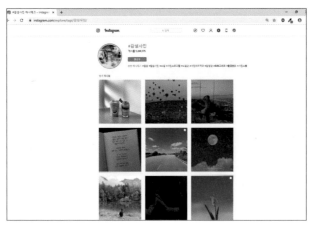

인스타그램에서 해시태그 검색 결과

라. 프로필을 편집할 수 있고 해시태그를 넣거나 링크를 넣을 수 있다.

더불어 인스타그램 게시물을 클릭하여 좋아요나 댓글 달기가 수월하다.

인스타그램 프로필 화면

인스타그램 프로필 설정 화면

인스타그램 포스팅 글 화면

　인스타그램의 PC 버전에서는 사진을 올리거나 게시물을 작성할 수 없다. 모바일상 팔로우했던 사람들의 최신 사진을 모아 볼 수 있고, 각각의 개별 사진으로 들어가서 볼 수 있다. 사진 올리기 기능은 실시간으로 진행되어야 하는 일이기에 앞으로도 '모바일 애플리케이션으로만 가능하도록 만들겠다'는 인스타그램 CEO의 공식 입장이 있었다. 다만 공식적이진 않지만 여러 가지 프로그램 및 사이트에서 게시물 올리기가 가능하다.

모바일 문패와 명함 만들기: 프로필 꾸미기

♡ ○ ▽   🔖

앞에서도 밝혔지만 모든 SNS가 그렇듯이 인스타그램 마케팅을 시작할 때 계정 이름을 정하고 프로필 꾸미기가 가장 중요하다. 인스타그램을 접할 때 가장 먼저 보이기 때문이다.

인스타그램 마케팅은 계정을 설정할 때부터 시작한다고 해도 과언이 아니다. 그래서 계정을 설정할 때 기억하기 쉽고 명확한 이름을 사용하자. 특히 젊은 여성이나 학생들이 많이 사용하기 때문에 감성적이고 재치 있으면 좋다.

그런 다음 프로필을 채울 때는 인스타그램에서 홍보하고자 하는 목적에 맞는 제목을 명확하게 설정해야 한다. 문장만으로도 되지만, 이모지를 사용하여 좀 더 재미있는 표현을 할 수 있다. 웹 사이트가 있다면 연결이 가능하니 주소를 넣어 본다.

계정을 만들었다면 이제 프로필을 작성해 보자. 프로필은 다른 인스타그램 사용자들이 방문했을 때 '아, 이런 사람이구나'라고 생각할 수 있는 문패나 명함 같은 것이다. 프로필을 작성할 때 어떤 이름을 쓰느냐가 매우 중요하다. 이름에 신경을 써야 하는 이유는 인스타그램 내에서 중

인스타그램에서 이름 검색하기

요한 검색 방법의 하나가 이름 검색이기 때문이다. 만약 어떤 사람의 인스타그램 계정을 찾을 때 알고 있는 닉네임이나 아이디를 검색해보는 방법이 있다. 그 사람이 다른 웹 사이트에서 사용하는 아이디와 닉네임을 인스타그램에서도 사용하고 있을 거라는 확신이 없으니 우선 이름으로 검색한다.

예시로 인스타그램에서 홍대맛집이라고 검색해보겠다. 홍대맛집을 검색하니까 인기 게시물에 여러 개의 계정이 뜬다. 계정 이름에 홍대맛집을 넣어야 노출되니 키워드는 이름에 꼭 넣자.

인스타그램 PC버전에서 프로필 수정하기

인터넷 공간에서의 이름은 다른 사람들이 나를 찾아오게 만드는 브랜드 역할을 하므로 이름이 매우 중요하다. 그래서 인스타그램 가입 전에 좋은 이름을 미리 생각해두면 좋다.

인스타그램은 외부로 나갈 수 있는 영역이 유일하게 프로필의 링크이다. 이 링크를 상업적으로 활용하려면 홈페이지, 쇼핑 몰, 블로그, 카카오톡 상담 채널오픈채팅 또는 카카오톡 채널 주소로 설정해놓기도 한다.

프로필을 작성할 때 글자 수의 제한150자이 있으니 주의한다. 멋진 글귀를 적는 것도 좋지만 제한된 글자 수를 넘겨 프로필이 잘려서 보이는 일이 없도록 한다. 프로필을 잘 꾸몄지만 무언가 아쉬움을 느낀다면 다음과 같은 요령이 있다. 인스타그램 프로필에 이름과 홈페이지 주소, 이메일, 연락처 등이 한 줄로 나열된다. 따라서 아이폰 사용자라면 메모장을 열어 내용에 따라 줄을 바꾸며 프로필을 작성한 다음 복사를 하고 인스타그램 프로필 편집 화면으로 돌아와 붙여넣기를 하면 깔끔한 소개 글을 입력할 수 있다.

인스타그램에서 생생하고 유니크하게: 인스타그램 사진찍기

♡ ○ ▽   ▢

이제 본격적으로 자신의 인스타그램을 꾸며보자. 인스타그램에서 가장 중요한 콘텐츠가 이미지와 짧은 동영상이다. 인스타그램에 사진을 올리는 방법과 올릴 이미지를 보기 좋고 자신의 취향에 맞게 조정하는 방법을 알아보자.

아래쪽 메뉴에서 인스타그램 애플리케이션 모양의 아이콘을 터치하면 라이브러리라는 메뉴가 나온다. 그것을 터치하면

인스타그램에서 사진 올리기

사진첩으로 넘어간다. 그곳에서 올리고 싶은 사진을 찾아 인스타그램 계정에 올리면 된다.

인스타그램에 올릴 수 있는 동영상은 최대 60초 분량으로 제한되므로 찍어놓은 영상을 편집해서 올린다. 아래 메뉴에 있는 사진기 모양을 누르면 현재 스마트폰으로 동영상을 찍어서 올릴 수도 있다.

인스타그램 동영상 올리기

사진을 올리다 보면 인스타그램이 기본적으로 제공하는 필터 화면이 나온다. 마음에 드는 필터 효과를 선택하면 된다. 앱 스토어나 구글 플레이에서 구할 수 있는 사진 보정 애플리케이션보다 인스타그램의 기본 필터가 더 낫기 때문에 굳이 돈을 주고 애플리케이션을 살 필요가 없다.

인스타그램 필터 화면

마음에 드는 사진을 인스타그램에 올릴 준비가 됐다면 이번에는 사진 밑의 공간에 해시태그를 입력해보자. 인스타그램 마케팅을 하는 동안 항상 해시태그를 사용한다.

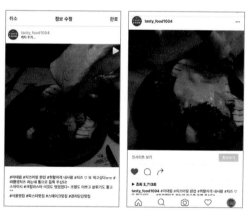

인스타그램 해시태그 사용하기

인스타그램에 올라간 사진에 함께 나온 사람이 있다면 사람 태그하기를 터치하고, 사진의 위치를 표시하고 싶다면 위치 추가를 터치하여 나타낼 수 있다. 마지막으로 공유하기를 터치하면 이미지 올리기가 끝난다. 자신의 인스타그램에서 방금 올린 사진을 볼 수 있다.

다양한 인스타그램 필터 ⊗

인스타그램은 사진 기반의 SNS이다 보니 사진에 관련된 필터를 제공한다. 색감 보정이나 극명한 대비 효과, 복고풍 스타일, 고전적이고 부드러우며 묘한 색조 등의 필터를 적용하면 촬영에 자신이 없더라도 필터 효과만으로 통일감 있는 사진을 올릴 수 있다. 하지만 지나치게 필터에 의존하면 사진에 대한 감각을 키울 수 없다.

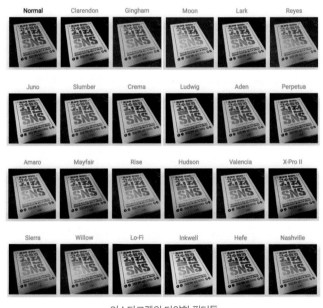

인스타그램의 다양한 필터들

나만의 감성 듬뿍 담는 법:
사진으로 분위기 만들기

♡ ○ ▽   ▯

인스타그램에서 해시태그보다 사진이 중요하다. 인스타그램은 스마트폰 애플리케이션으로 시작된 서비스라서 강렬한 단 한 장의 사진으로 의도를 전달할 수 있을 때 울림이 크다. 사진 찍기가 능숙하지 않다면 잘 찍은 사진이나 인스타그램에서 인기를 얻은 사진을 보면서 감을 익힐 수 있다.

사진이나 그림과 같은 이미지를 활용해서 인기를 끈 마케팅은 인스타그램이 나오기 이전에도 있었다. 인스타그램에 사진을 올릴 때는 똑같은 크기나 한 가지 필터를 적용해서 올리면 좋다. 올릴 때마다 크기와 사용한 필터가 다 다르다면 내 계정에 분위기를 만들어 낼 수 없다. 필

통일성 있는 사진(좌)과 통일성 없는 사진(우)

수정 탭에서 사진 수정

터로 분위기를 만들어낼 수 없다고 하더라도, 게시글의 콘셉트나 어떠한 코드를 지속해서 사용하는 것도 내 인스타그램의 팬을 만들 수 있는 방법이다.

또한 레이아웃 프롬 인스타그램Layaout from Instagram 애플리케이션을 사용하여 여러 장의 사진을 하나의 화면에 나누어 올릴 수도 있다.

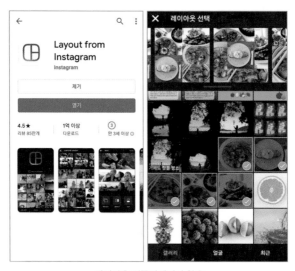

레이아웃 애플리케이션 활용

인스타그램을 마케팅을 위해 사용한다고 하더라도 제품 사진만 늘어놓으면 보는 사람이 거부감을 느낄 수 있다. 제품이나 업무 관련 사진 이외에도 일상의 모습을 섞어서 올려야 좋다. 최대한 자연스러운 우리 일상을 담고, 그 일상 속에 제품을 살짝 끼워 넣는 방법도 있다.

이니스프리 인스타그램 @innisfreeofficial

명화나 작품 사진

인터넷에는 GIF 파일 형식으로 만든 이미지가 많다. 저작권이 이미 소멸한 작품을 재창작하는 방법은 법적인 분쟁을 피할 수 있고, 원래의 작품이 지니고 있는 인지도를 함께 얻을 수 있다.

작품 이미지 활용

사진 변형하기

인스타그램에 올려 주목받을 만한 이미지를 만들려면 사진을 약간 변형하거나 기존의 사진을 합쳐 본다.

사진 합성하기

아이디어 돋보이기

인터넷에서는 언제나 아이디어가 돋보이는 사진이 환영받는다. 그러나 아이디어가 거창하지 않아도 사람들이 좋아할 수 있다.

아이디어 사진 1   아이디어 사진 2

유머러스하거나 설정한 사진

유행하는 이야기를 움직이는 사진이나 재미있는 패러디로 표현하면 반응도 많고 호평도 끌어 낼 수 있다.

설정 사진

실용적인 사진과 감동적인 사진

인스타그램에 사진을 올렸을 때 실용적인 아이디어라면 좋은 평판을 받는다. 실용적인 이미지에 인스타그램 계정이나 사람들에게 알리고 싶은 메시지를 간단하게 적어 넣으면 무척 유용하다. 또한 사진 한 장에 이야기를 담을 수 있다면 어떤 글보다 감동을 줄 수 있다.

스토리가 있는 사진들

움직임도 감각적으로:
동영상에 콘셉트 담기

인스타그램이 주로 사진을 올리는 SNS이지만 동영상이라는 콘텐츠 형태는 이미 사진의 영향력과 거의 대등한 수준, 아니 넘어섰다고 할 수 있다. 유튜브가 대세가 되면서 동영상 플랫폼이 힘을 얻었다. 이러한 상황에서 인스타그램도 1분짜리 영상과 영상을 넘어 최장 1시간까지 업로드 가능한 IGTV가 등장했다. 편집 애플리케이션으로 동영상을 만들어 올리면 이미지보다 호응이 더 클 수 있다.

가. 사진기 아이콘을 터치하여 화면이 나오면 오른쪽 동영상을 터치한다. 영상 아래의 동그라미를 눌러 영상을 촬영한다. 60초까지 할 수 있다.

동영상 터치하기

나. 촬영이 끝나면 다음을 터치하여 사용할 필터를 선택한다.

동영상 촬영하고 필터 고르기

다. 간단한 문구와 해시태그를 입력한다. 이때 #와 단어를 입력하면 관련 해시태그가 나타나는데, 단어를 입력하거나 특정 해시태그를 터치하여 선택한다.

라. 공유하기를 터치하여 인스타그램에 올린다.

해시태그 넣기 · · · · · · · · · · 글 쓰고 올리기

자신만의 콘셉트를 정하고 자신의 이야기로 하는 스토리텔링이 인스타그램을 성공으로 이끄는 가장 확실한 방법이다.

상담 및 상품 주문 시
활발한 소통이 가능하다:
다이렉트 메시지 주고받기

♡ ○ ▽   ⬚

다이렉트 메시지 아이콘은 홈 화면의 오른쪽 위, 게시물 아래, IGTV 게시물의 아래쪽에 위치한다. 다이렉트 메시지는 인스타그램 사용자들과 일 대 일 및 그룹으로 메시지를 주고받는 기능이다. 다이렉트 메시지는 불특정 다수와의 대화가 아닌 특정 사용자와 대화를 나눌 수 있고 그룹 구성은 최대 32명이다. 인스타그램의 특성상 일반적으로 다이렉트 메시지로 사적인 대화도 나누지만, 판매자와 상담 및 상품 주문에서도 활발한 소통이 가능하다.

다이렉트 메시지의 가장 큰 특징은 쇼핑 몰 또는 제품 상세 페이지 등의 URL 링크 기능이다. URL 링크 기능은 인스타그램 게시글 본문에는 사용할 수 없지만, 프로필의 웹 사이트에서 사용할 수 있다. 추가로 다이렉트 메시지에서 이 점을 보완한다. 즉, 판매자와 소비자 사이에서 전달하고 싶은 내용의 웹 페이지 URL을 자유롭게 주고받을 수 있다. 이로써 소비자는 다이렉트 메시지로 원하는 상품을 살펴보며 편리하게 구매한다.

가. 메시지 전송하는 방법과 받은 메시지 확인하는 방법

인스타그램 홈 오른쪽 상단의 다이렉트 메시지 아이콘을 터치한다.

• 메시지를 보낼 사용자를 검색하여 설정한다. 텍스트, 음성, 사진 등 여러 형태로 메시지 전송을 할 수 있다.

메시지를 개인과 주고 받기

• ✎ 아이콘을 터치 후 메시지를 보낼 때 개인뿐만 아니라 그룹은 최대 15개까지 가능하다.

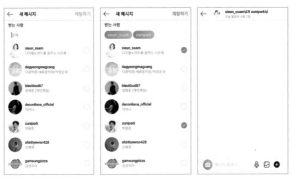

메시지를 단체로 보내기

나. 다른 사용자의 스토리 게시물, IGTV 게시물 아래쪽에 있는 다이렉트 메시지 아이콘을 터치하여 원하는 사용자에게 메시지를 전달할 수 있다.

메시지 보내기

공유하기, 답글 달기, 링크 복사, 스토리에 추가 기능이 있다.

공유하기: 링크 복사는 물론 카카오톡 등 SNS를 포함한 다른 애플리케이션에 공유할 수 있는 기능이다.

답글 달기: 해당 게시물 피드의 게시자에게 메시지를 입력하여 게시물과 함께 메시지를 보낼 수 있다. 내 게시물에서는 사용할 수 없다.

링크 복사: 해당 게시물 피드의 URL을 복사하여 붙여넣기를 실행할 수 있다.

스토리에 추가: 해당 게시물을 인스타그램 스토리에 공유한 후 스토리에서 게시물을 터치한다. 게시물 보기 단추를 터치하면 해당 게시물로 이동할 수 있다.

인스타그램에서 받은 메시지

음성 메시지, 사진, GIF 보내기: 메시지 입력창에서 텍스트 이외에도 음성메시지, 사진, GIF 등의 콘텐츠를 보낼 수 있다. 이외에도 다른 인스타그램 사용자의 프로필, 해시태그, 위치, URL도 보낼 수 있다.

다. 해시태그

메시지로 해시태그를 보내면 해당 해시태그 페이지의 인기 게시물 미리 보기와 함께 표시된다.

라. 사라지는 사진 / 동영상

메시지 입력창 왼쪽 사진기 아이콘은 스토리에서 사진기와 기능이

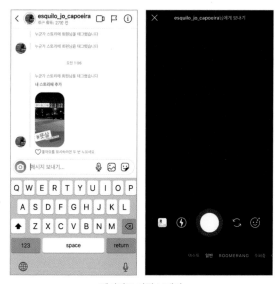

메시지로 사진 보내기

같다. 스마트폰에 저장한 사진과 동영상도 선택할 수 있다.

마. 다른 사용자의 프로필

A라는 인스타그램 사용자에게 B라는 사용자의 프로필을 다이렉트 메시지로 보내면 B의 이름, 사용자 이름, 사진 미리 보기가 표시된다. 미리 보기를 터치하면 B의 프로필로 이동하여 더욱 자세한 피드를 확인할 수 있다. 즉 다른 인스타그램 사용자의 프로필을 다이렉트 메시지로 또 다른 사용자에게 전달할 수 있다.

1) 다른 인스타그램 사용자의 프로필로 이동한다.

다른 사용자 계정

2) 메시지로 프로필 보내기안드로이드 운영체제 / 이 프로필 공유하기아이폰 운영체제를 터치하여 메시지를 보낸다.

바. URL 링크

다른 사용자와 공유하고 싶은 게시글이 있으면 메시지에 입력하여 보낼 수 있다. 인스타그램의 본문에서는 URL 연결이 안 되기 때문에 다이렉트 메시지를 적극적으로 활용하자. 특히나 자주 사용하는 제품 상세 페이지, 홈페이지 주소 등을 단축키와 함께 빠른 답장으로 관리하여 업무의 효율성을 높일 수 있다. 소비자들은 짧은 URL을 선호하는 경향이 있어 긴 URL은 URL 단축 기능을 이용하여 짧게 사용하는 것이 좋다. URL 단축 애플리케이션으로 비틀리Bitly가 있고, PC 버전bitly.com 도 있다.

사. 영상통화 하는 법

1) 인스타그램 홈 오른쪽 상단의 메시지 아이콘을 터치한다.

2) 사용자 이름 또는 그룹을 선택하여 메시지 창을 연다.

3) 오른쪽 상단에서 사진기 아이콘을 터치한다.

- 사진기 아이콘을 터치하면 상대방에게 알림이 가고 수락이 될 경우 통화가 시작된다.

- 최대 6명과 동시에 영상 통화가 가능하며 통화 진행 중에 다른 사람

을 추가할 수 있다.

- 통화 중일 때 화면을 위로 살짝 밀어 다른 사람을 검색하거나 아래
  리스트에 있는 사람의 사용자 이름 옆의 추가 단추를 터치하여 새로
  운 통화대상을 추가할 수 있다.

아. 보낸 메시지 취소하기

메시지 대화창에서 전송한 메시지를 길게 터치하여 보낸 내용을 취
소할 수 있다.

메시지 취소하기

24시간 이후 사라진다: 스토리 기능

♡ ○ ▽   ⊓

최근에 스토리 콘텐츠 이용이 늘어나며 변화가 일었다. 나의 일상을 공유하고는 싶은데 온라인에 내 정보가 쌓이는 걸 부담스러워하는 사람들에게 24시간 이후 콘텐츠가 사라지는 스토리 기능은 정말 끌린다. 아울러 스토리 방문자가 누군지 확인할 수 있어 빈번하게 사용하는 추세다. 인스타그램 사용자는 인스타그램 스토리에서 나의 일상을 공유하며 친구와 더욱 친분을 쌓아간다. 이는 계정에서 체류 시간도 증가시킨다. 인스타그램 스토리는 스마트폰 홈 화면 상단에 동그란 모양으로 게시되며 여러 가지 화려한 기능이 있어서 게시물보다 눈에 띈다. 그리고 화면 전체를 활용하기 때문에 콘텐츠 확인이 가능하다.

가. 인스타그램 스토리의 특징

1) 인스타그램 스토리의 노출 시간은 최대 24시간이다. 게시물과 하이라이트에 공유되지 않을 경우 24시간이 지나면 사라진다.

2) 피드에 올리기에는 가벼운 주제를 주로 스토리에 올린다.

3) 사진과 동영상을 스토리에 게시하면, 다음과 같은 위치에서 게시된 스토리를 확인할 수 있다.

- **인스타그램 홈피드 상단**: 프로필 사진이 팔로워의 홈 상단에서 연속으로 나오며, 터치하여 해당 스토리를 볼 수 있다.

- **프로필**: 프로필 사진 주위에 여러 색상의 테두리가 표시된다. 사진을 터치하면 스토리를 볼 수 있다.

4) **하이라이트**: 스토리를 사용자 프로필에 게재하는 기능이다. 하이라이트 기능으로 게시한 스토리를 상품이나 주제별로 묶어 프로필에 계속 게시할 수 있다. 하이라이트 기능을 이용하여 화면에서 상품을 잘 보이게 배열한다. 예를 들어, 꽃집이라면 꽃 상품을 꽃다발, 꽃바구니, 화분으로 하이라이트 하여 구성할 수 있다.

5) 스토리는 상품 홍보 효과가 뛰어나다. 스토리에 올린 상품 URL 링크를 메시지로 보내어 제품 구매율을 높일 수 있다. 이는 잠재고객을 단골로 전환하며 나아가 나의 브랜드 팬덤을 형성할 수 있다. 즉 인스타그램 마케팅의 효과를 극대화할 수 있다.

6) 스토리는 기본적인 사진과 동영상을 편집하여 새로운 콘텐츠로

발행할 수 있다.

- 다양한 필터와 애니메이션 효과, 인스타그램 영상 링크, 스티커친구 태그, GIF, 질문, 날짜, 카운트다운 등, 글쓰기 등을 적용하여 콘텐츠를 다채롭게 제작할 수 있다.

- 하나의 스토리 콘텐츠를 다채널로 공유할 수 있다. 특히 여러 SNS블로그, IGTV 등나 웹 사이트에 공유하여 소비자의 적극적인 반응을 유도할 수 있다.

- 스토리에서 제공하는 텍스트, 라이브, 일반, 부메랑, 아웃 포커스 등의 기능을 이용하여 촬영할 수 있다.

- 스마트폰에 저장되어있는 사진이나 동영상에 효과를 적용하여 콘텐츠를 제작할 수 있다.

나. 스토리에 사진 및 동영상 올리기

1) 홈을 터치하여 홈 화면으로 이동한다.

2) 홈 화면의 상단 사진기 아이콘을 누르거나 피드의 아무 곳이나 오른쪽으로 살짝 민다.

3) 하단 중앙의 ○ 아이콘을 길게 눌러 사진 혹은 동영상을 촬영한다. (화면 하단의 핸즈프리, 부메랑, 슈퍼 줌, 아웃 포커스, 텍스트, 라이브 중 스토리에 올리고자 하는 콘텐츠 유형을 선택하여 촬영한다.)

4) 인스타그램 화면에서 위로 밀어 올리거나 화면 하단 왼쪽의 □ 아

이콘을 터치하여 스마트폰 앨범에 있는 사진이나 동영상을 선택할 수 있다. 스마트폰에 있는 사진이나 동영상은 한 스토리에 10개까지 올릴 수 있다. 선택한 사진과 동영상이 인스타그램 크기에 맞지 않는다면, 두 손가락으로 확대하거나 축소하여 크기를 조정할 수 있다. 특정 애플리케이션을 활용하거나 사진과 동영상에 필터를 추가할 수 있다.

5) 스토리에 게시할 준비가 끝났다면 화면 오른쪽 아래에 있는 받는 사람을 터치한다. 왼쪽에 있는 내 스토리 또는 친한 친구를 터치하여 올릴 수 있다.

인스타그램 스토리에 사진이나 동영상 올리기

6) 개인 또는 그룹에 각각 메시지를 보낼 수 있다.

7) 스토리로 공유 또는 메시지 보내기가 끝난 후 완료를 터치한다.

다. 인스타그램 스토리 사진 및 동영상 촬영 방법

1) 스토리 화면 하단의 핸즈프리동영상, 텍스트, 라이브, 일반, 부메랑, 아웃 포커스, 슈퍼 줌 중 스토리에 올리고자 하는 유형을 선택한 뒤 ○아이콘을 눌러 사진을 찍거나 ○아이콘을 길게 눌러 동영상을 촬영한다.

2) 동영상 촬영 중 확대하는 기능은 한 손가락으로 길게 눌러 동영상 촬영을 시작한 뒤, 같은 손가락으로 위나 아래로 살짝 밀면 된다.

3) **라이브**: 인스타그램 라이브 기능에는 라이브 방송을 시청하는 팔로워에게 자신의 스마트폰 사진첩에 저장된 사진이나 영상을 공유하는 기능과 질문받기 스티커를 붙여 팔로워의 질문을 받는 기능이 있다.

4) **부메랑**: 여러 장의 사진을 연속으로 촬영하여 움직이는 사진의 효과를 내는 동영상을 촬영할 수 있다.

5) **아웃 포커스**: 포커스 상태는 사진이나 동영상에 사람이 있는 경우에만 작동한다.

6) **슈퍼 줌**: 화면에서 아무 곳이나 눌러 확대할 영역이나 개체를 선택한 뒤, 하단의 동그라미를 눌러 녹화를 시작한다.

7) **핸즈프리**: ○를 한번 터치하여 동영상을 촬영할 수 있다.

8) **텍스트**: 여러 가지 텍스트 유형과 배경을 사용할 수 있다. 사진이나 동영상은 필요하지 않다.

9) **얼굴 인식 필터**: 화면 하단에서 필터를 고른 뒤 촬영한다.

라. 인스타그램 스토리 사진 및 동영상 편집 따라 하기

1) 스티커

검색기능, 위치, 해시태그, 온도, 제품 태그, 친구 태그, 설문, 질문받기, GIF, 슬라이더, 사진 찍기까지 기능성 스티커, 그 외 일반 스티커를 활용할 수 있다.

- **#해시태그**: 해시태그를 추가하여 해시태그를 터치하면 해당 해시태그 페이지로 이동하여 해시태그 결과를 볼 수 있다.

- 설문, 질문받기, 카운트다운 등을 추가하여 방문자와 양방향 소통을 할 수 있다.

- GIF를 검색하거나 인기 GIF를 추가하여 스토리에 올릴 수 있다.

- **쇼핑 태그**제품 태그: 제품 태그를 게시물에 적용한 다음에 스토리에도 제품 태그를 추가할 수 있다.

- **@소환 태그**: 다른 사람의 이름을 입력하여 소환한다.

2) 글쓰기Aa

- 글자 입력창에 이모티콘을 추가한다.

- 화면 하단의 색상 팔레트를 눌러 문구 색상을 선택한다.

- 문구를 가운데나 좌우로 정렬한다.

- 텍스트에 컬러 배경을 추가할 수 있다.

- 화면 상단의 글씨 스타일 단추를 터치하여 글자 스타일을 변경한다.

3) 그리기

- 사진 위에 그림을 그릴 수 있는 기능이다.

- 화면 상단의 옵션에서 브러시 및 그리기 도구를 선택한다.

인스타그램 스토리 기본   그리기   글쓰기

- 화면 하단의 색상 팔레트를 눌러 색상을 고른다. 왼쪽으로 살짝 밀
   어서 다른 색상을 보거나 원을 길게 눌러서 다른 색상을 추가로 사
   용할 수 있다.

인스타그램 스티커

- 좌측의 슬라이더를 사용하여 선의 굵기를 조절한다.

4) 인스타그램 스토리 인사이트 확인하기

인스타그램 비즈니스 계정에서는 스토리 게시글에서도 인사이트를 확인할 수 있다. 나의 스토리에 반응을 보인 사람을 팔로우하거나 다이

인스타그램 스토리 인사이트

렉트 메시지로 소통할 수 있다. 해당 스토리를 누가 봤으며 누가 팔로우했는지 노출, 탐색 등은 얼마나 되었는지 본다.

마. 하이라이트 관리법

우선 스토리를 하이라이트에 더하는 방법이 있다. 스토리의 하단에서 '하이라이트에 추가' 단추를 누르거나 스토리가 사라진 이후에 보관함에 저장된 스토리를 하이라이트에 추가할 수도 있다. 즉 나의 프로필 중간에 + 아이콘을 터치하여 나의 스토리에 보관하는 방법이다.

인스타그램 내 프로필에서 하이라이트를 터치한 후 오른쪽 아래에 있는 더 보기 단추를 터치하면 하이라이트 수정, 하이라이트 삭제, 홍보하기, 디엠DM으로 보내기, 링크 복사 등을 할 수 있다. 하이라이트를 추가했다면 수정과 삭제도 가능하다. 더불어 하이라이트에서도 인사이트 확인이 가능하므로 온라인 마케팅 전략을 세우기 쉽다.

하이라이트를 추가할 때 나의 스토리상에서 하거나 내 프로필 화면의 중간 하이라이트 추가를 이용할 수도 있다. 보통은 나의 스토리에 올린 후 게시글 아래에 하이라이트에 추가를 터치한다. 늘어난 하이라이트는 나의 프로필 화면 중간 하이라이트 피드에서 볼 수 있다.

하이라이트를 구성할 때, 나의 인스타그램 계정을 온라인 매장으로 가정하고 상품 진열대에 내가 판매하고자 하는 상품, 홍보하고자 하는 상품을 진열하듯이 상상하며 추가한다.

하이라이트 기본(좌) 하이라이트에 추가(우)

하이라이트 인사이트 보기

바. 다른 사람 스토리에 반응하는 법

상대방의 스토리 하단에는 메시지 보내기, 다이렉트 메시지 보내기, 사진기 아이콘 등이 있다. 메시지 보내기는 해당 스토리를 게시한 상대방에게 스토리에 대한 의견을 메시지로 보내는 기능이고, 다이렉트 메시지 보내기는 해당 스토리를 다른 사용자와 공유하는 기능이다. 사진기 아이콘은 스토리 게시물을 올리는 것처럼 사진이나 영상을 촬영하여 보낼 수 있다.

메시지 보내기(좌) 사진기 아이콘을 눌러 메시지 보내기(우)

질문 스티커   카운트다운 스티커   스티커 관리

알면 유용한 기능:
강화된 동영상 기능 IGTV

♡ ○ ▽   ☐

인스타그램은 2018년 6월 독립형 동영상 공유 애플리케이션인 IGTV를 선보였다. 일상적인 모습이나 간단한 사진만을 올려주던 인스타그램이 이제 서서히 동영상 플랫폼으로의 전환까지 꾀하고 있다. 전 세계적으로 현재 유튜브가 동영상 플랫폼을 선점한 상황에서 유튜브와 경쟁하기 위해서는 인스타그램에서도 동영상 전용 환경이 필요했기 때문이다. 1인 크리에이터가 급격하게 늘어나면서 인스타그램도 사진만 등록하는 플랫폼에서 동영상 플랫폼까지 확대를 노리고 있다. 최근에는 스마트폰으로 직접 찍어서 생방송을 하는 사용자가 급격하게 늘었으므로 인스타그램의 이런 전략은 어느 정도 적중했다.

하지만 인스타그램은 유튜브와의 차별화를 위해 가로 환경을 포기하고 세로 환경의 동영상으로 차별화했다. 스마트폰은 기본이 세로 방향이므로 동영상 촬영을 할 때도 한 손이 편하다. 유튜브 기반의 영상은 기본이 가로형 영상이기 때문에 가로 영상을 촬영하기 위해서는 스마트폰이나 사진기를 두 손으로 들고 촬영해야 한다. 이를 인스타그램은 세로형 동영상 적용으로 해결한다. 세로형 동영상은 가로형 동영상보다 더 움직임이 큰 영상을 제공할 수 있다. 세로형 동영상이라고 해서 세로 형태의 동영상만 볼 수 있는 것은 아니다. 유튜브와 같은 가로형 동영상이 있으면 스마트폰을 가로로 들고 시청한다.

최근에는 유튜브에서 오히려 인스타그램의 세로형 동영상을 참고하여 세로형 동영상을 지원하는 기능을 준비하고 있다고 하니 IGTV의 세로형 동영상의 인기가 어느 정도인지 가늠할 수 있다.

또한 기존 인스타그램은 재생 시간이 최대 60초까지인 동영상만 올릴 수 있었기 때문에 더 긴 영상을 등록하기에는 어려움이 있었다. 인스타그램에서는 시스템 자체를 고치기보다는 별도의 애플리케이션을 만들어 이 문제를 해결했다. IGTV라는 애플리케이션을 설치하고 인스타그램과 연동하면 그때서야 비로소 IGTV를 인스타그램 채널에서 사용할 수 있다. IGTV는 최대 60분까지의 동영상을 등록할 수 있다. 단, 개인 계정에서는 10분까지만 가능하며 60분까지 동영상을 제작해서 등록하려면 비즈니스 계정으로 전환해야 한다.

그럼 이제부터 IGTV를 인스타그램에서 사용해보자. 먼저 구글 플레이나 앱 스토어에서 IGTV 애플리케이션을 설치한다. IGTV를 실행하면 기존 인스타그램 계정과 연결하는 화면이 나오는데 현재 인스타그램 계정이 있다면 [○○님으로 계속]이라는 단추를 누르면 된다.

IGTV 애플리케이션 설치하기

IGTV 애플리케이션이 실행되었으면 이제 채널을 생성해 보자. IGTV를 처음 실행하면 인스타그램 사용자가 등록한 세로형 동영상이 여러 개 보인다. 화면 상단의 톱니바퀴를 누르면 IGTV를 설정할 수 있는 화면이 나타난다. 여기서 [채널만들기]를 선택하여 나만의 동영상 채널을 생성한다.

환경설정에서 IGTV 채널 만들기

아래와 같이 채널을 설정하기 위한 화면에서 계속 다음을 클릭한다.

IGTV 채널 생성으로 넘어가는 화면

이제 나만의 동영상 채널이 생성되었다. 이제 인스타그램 내 계정에서 오른쪽 위에 있는 텔레비전 모양을 클릭하면 IGTV가 실행된다. 화면 중간 톱니바퀴 모양 옆의 아이콘을 클릭하면 내 채널이 나타나는데 여기서 [동영상 업로드]를 클릭한다.

IGTV에 동영상 올리기

잠재 고객을 따로 모으는 힘: 해시태그

♡ ○ ▽   ⊓

누군가 "인스타그램에서 가장 중요한 게 무엇입니까?"라고 묻는다면 대부분 해시태그라고 말할 것이다. 해시태그는 인스타그램 상단의 검색 창에 #+특정 단어로 만들어 입력한다.

해시태그가 만들어진 이유를 알면 왜 인스타그램 마케팅에서 해시태그가 가장 중요하다고 하는지 짐작할 수 있다. 간단하게 말해서 해시태그는 편리하게 검색하려고 도입한 기능이다. 사용자가 인스타그램에서 찾고 싶은 사진이나 영상을 효과적으로 찾을 수 있도록 만든 도구다. 해시태그는 원래 특정 주제별로 개설된 토론방 형식으로 트위터를 이용하던 사용자들이 자신들의 토론방 콘텐츠를 구분하기 위해서 만들었다.

해시태그로 인스타그램 이용자가 어떤 대상에 관심이 있는지를 짐작할 수 있고, 그것에 분명한 관심을 두는 사람들만을 따로 모아서 볼 수도 있다. 불특정 다수가 존재하는 시장에서 특정한 관심사를 가진 잠재 고객만을 따로 모으고Grouping, 분류하기Sorting가 가능하다.

해시태그라는 것 자체가 이것을 찾고 싶다는 의사 표시다. 마케팅 캠페인의 효과를 높이기 위해서 시장 세분화를 하거나 목표 시장을 정하는데, 인스타그램에서는 이 해시태그만으로도 이용자가 원하는 바를

해시태그 검색 화면

일목요연하게 분리해낼 수 있다. 그리고 이 SNS가 대기업이든 소규모 자영업자이든 공평하게 걸러 눈에 뜨일 기회를 준다.

인스타그램 검색에서 사용하려는 해시태그를 입력하여 게시물의 숫자를 확인할 수 있다. 검색한 해시태그의 결과 게시물이 많을수록 사람들이 자주 사용하는 단어라는 의미이므로 그 단어를 넣어 해시태그를 사용했을 때 효과적이다.

유사한 콘셉트를 가진 인기 인스타그램에서 자주 사용하는 해시태그를 확인하면서 자신이 생각하지 못했거나 반응 좋은 게시물의 해시태그를 추가해도 좋다.

유사한 콘셉트의 해시태그

그 외 주 고객이 되는 사람들의 인스타그램을 살펴보면서 해시태그를 확인하고 추가하기 바란다. 해시태그는 댓글을 달 때도 입력이 가능하다.

댓글에 해시태그 입력 가능

해시태그를 잘 활용할 수 있다면 이보다 훌륭한 마케팅 도구가 없다. 여기시 어띤 해시태_ㄱ를 쓰는가가 중요하다. 말하자면 오늘 찍은 사진이 유난히 마음에 들어서 인스타그램에서 자랑하고 싶을 때 해시태그를 어떻게 붙이느냐에 따라서 검색의 효과가 다르다.

어떤 단어를 해시태그에 사용할지 궁금할 때는 네이버 실시간 검색 사이트 등에서 검색순위에 오르내리는 단어를 찾아서 입력해 보는 것도 좋다. 해시태그를 문장 마지막에 한꺼번에 몰아서 쓰는 방법도 있다. 이를테면 #이대앞 #코엑스라고 지역 명을 태깅하면 이 지역을 검색한 사람들에게 게시물이 보인다. 또 주의할 점은 국문이나 영문과 같은 일반 문자와 숫자는 사용할 수 있지만, %, $, & 같은 특수문자는 사용할 수 없다. 해시태그는 자신이 올린 게시물에만 태그를 설정할 수 있다.

해시태그를 작성할 때는 무분별하게 사용하지 않도록 주의한다. 해시태그는 나의 주 타깃층이 검색이 용이하도록 반드시 관련이 높은 해시태그를 작성한다. 아울러 하나의 게시물에 태깅할 수 있는 해시태그의 숫자는 30개로 제한이 되어 있으나, 하나의 피드에 30개를 다 사용하기보다 10~15개 이내로 적절하게 사용하자. 단, 해시태그 숫자 제한은 종종 변동되기 때문에 그때그때 확인한다.

최근 인스타그램 스토리를 사용하는 계정은 5억 개에 달한다고 한다. 스토리는 인스타그램에서 점점 더 중요한 역할을 한다. 세로형 전체 화면이 몰입이 잘 되는 화면과 스토리를 전달할 수 있기 때문이다. 설문이나 질문까지 제공함으로써 양방향으로 구독자와 소통할 수 있다. 또한 인스타그램 스토리를 통한 광고 효과는 날이 갈수록 커진다.

던킨도너츠 인스타그램

던킨도너츠Dunkin는 인스타그램 스토리에 설문 스티커를 사용한 결과 동영상 조회당 비용이 20% 절감되었다는 결과를 발표했다. 이제 단순한 게시물 광고보다는 인스타그램 스토리에서 참신한 동영상 게시물을 만드는 활동이 비즈니스를 확장하는데 한몫을 한다.

그러면 어떻게 이러한 것이 가능할까? 가로형 동영상보다 세로형 동영상이 몰입 효과가 더욱더 뛰어나다고 인스타그램 측은 주장한다. 세로형 동영상은 가로형 동영상보다 시선을 좁게 하여 방해 요소는 적으면서도 몰입도를 높이는데 탁월한 효과가 있다고 한다. 화장품 전문 업체인 미미박스**www.memebox.com**는 18~34세 여성을 대상으로 동영상 형태로 인스타그램 스토리에서 광고했다. 기존 가로형 동영상이 아닌 세로형 영상을 통해 집중도를 높였다. 이때 짧은 3~4초 정도의 동영상을 사용해서 광고를 진행한 결과 좋은 성과를 얻었다.

그렇다면 사용자의 시선을 사로잡는 콘텐츠를 작성하기 위해서는 어떻게 하면 좋을까?

세로형 동영상 예

첫째, 당신의 브랜드에 집중해야 한다. 브랜드의 정체성을 가장 잘 드러내는 요소를 활용하여 콘텐츠를 제작한다. 이때 로고, 색상, 제품 등이 드러나게 한다. 브랜드의 노출도를 높여서 시청자에게 브랜드에 대한 궁금증을 높인다.

둘째, 모바일 중심 디자인을 한다. 앞으로도 사람들은 모바일 기기로 콘텐츠를 소비할 것이다. 모바일은 생성한 콘텐츠를 전달할 가장 효과적인 수단이다. 콘텐츠 제작 시에는 모바일을 기준으로 진행하자.

PART 5

인스타그램 레벨업
고수 인싸 되는 법

워라밸을 위한 첫걸음, 인스타그램 계정 운영방법 정하기

♡ ○ ▽   🔖

인스타그램은 기본적으로 광고 계정은 팔로잉이 많이 늘지 않는다. 인스타그램을 하기로 했다면 계정 운영 방법 3가지 중 하나를 해야 한다.

첫째, 개인 계정으로 인스타그램을 운영하면서 제품이나 브랜드를 홍보할 것인가? 가령 내가 꽃집을 운영하면서 오늘 '싱싱한 꽃이 들어왔다'면서 꽃 사진을 올리면 결과적으로 그 자체가 싱싱한 꽃이 오늘 입고되었음을 알리는 홍보이자 광고가 된다. 하지만 사람들이 부담 없이 광고라고 생각하지 않는다. 이런 개인 계정으로 운영을 하면 대놓고 광고를 하는 상업적 계정보다 댓글이나 좋아요, 팔로워가 조금 빠르게 늘 수 있다.

개인 일상처럼 상품 노출하기

둘째, 브랜드 계정으로 운영한다. 브랜드 계정에서 일상 소개나 잡담 등은 할 수 없다. 상표 인지도에 어긋나는 행동이나 말투도 쓸 수 없다. 그러므로 사람들이 흔히 광고라고 생각하고, 댓글이나 좋아요 수가 개인 계정에 비해서는 적고 팔로워 하는 사람의 숫자도 개인 계정에 비해서 잘 늘지 않는다. 단, 제품 사진 위주로 올려서 쇼핑 몰처럼 활용할 수 있고 이벤트 등 필요한 이미지만 올릴 수 있어서 고객이 보기에 중요한 정보만 있다.

쥬씨 @juicyjuice_official　　써모스코리아 @themoskorea　　원할머니 @wongradma

　　셋째, 여러 계정을 동시에 운영한다. 인스타그램은 휴대 전화 기기 한 대에서 로그인할 수 있는 다기능 계정 로그인이 가능하다. 그래서 한 대에서 로그아웃 없이 5개 계정까지 동시에 접속할 수 있다. 계정은 메일 주소만 있으면 여러 개를 만들 수 있다. 이는 계정을 2개 키우는 방법이다. 개인 계정 + 브랜드 계정, 이 모든 것이 한 번에 다 접속이 되다 보니 편하게 로그인해서 사진을 올릴 수 있다. 단 사진을 2배로 올려야 한다는 번거로움이 있어 부지런해야만 한다.

　　계정 운영 방법을 결정했다면 앞에서 설명한 프로필 설정이나 기본적인 사진 설정 등을 하면 된다. 인스타그램이 처음이고 사용하는 방법이 까다롭게 느껴지는 사용자라면 동종업계의 인스타그램을 분석하고 따라 하거나 자신만의 방식으로 재해석해서 사용하길 바란다. 해시태 그를 이용하면 동종업계의 계정을 확인할 수 있다.

개인 계정(좌)과 콘셉트 운영 계정(우)

인스타그램에서
제대로 먹히는
글쓰기 꿀팁은 이것

♡ ○ ◁   ▯

이제는 사진과 영상의 홍보 효과가 텍스트를 압도하는 이미지의 시대가 되었다지만 여전히 텍스트에는 위력이 있다. 텍스트에는 무시하지 못할 잠재력이 있어서 오히려 짧고 간결하지만 울림이 있는 텍스트가 잘 계획한 이미지와 함께 어우러질 때 폭발적인 반응을 낳기도 한다.

기업이 큰돈을 들여 대중과 고객의 뇌리에 심으려고 애를 쓰는 브랜드 메시지가 텍스트이다. 나이키Nike의 '그냥 하면 된다Just Do It'나 아디다스Addidas의 '불가능은 없다Impossible Is Nothing'가 여기에 해당한다. 최근에는 텔레비전 광고에서 자주 접하는 네스프레소Nespresso의 카피 '더 무슨 말이 필요한가What Else?'가 있다. 텍스트가 인스타그램에서도

유용하다는 가능성을 이런 사례에서 점칠 수 있다. 가장 유력한 사용처
는 아마도 해시태그일 것이다.

해시태그를 활용하기

이미지가 강세이긴 하지만 특히 SNS가 일상화된 요즘과 같은 때 팔로잉
관계에서라면 짧은 텍스트는 신뢰를 굳히는 촉매제의 역할을 할 수도
있다.

올해 인기 제품인 앙버터, 흑당밀크티를 직접 제품을 경험한 다수의
소비자가 자발적으로 콘텐츠를 생성하고 해시태그로 페이스북, 인스타

#앙버터 #흑당밀크티 해시태그의 게시물

그램 등 SNS에 올렸다. 생산자나 판매자는 최근 20~30대 젊은 소비자 사이에서 해시태그로 자기표현과 의사소통이 유행하고 있는 만큼 해시태그에 대한 활용 방안을 연구한다.

몇 해 전, 인터넷 게시판에 재기발랄한 댓글을 올리던 사람이 있었는데 마냥 웃기는 내용만은 아니어서 사람들에게 댓글 시인으로 불리고 시를 써보라는 권유를 받기도 했다. 그 사람은 몇 년 후 텔레비전에도 출연하는 유명인사가 됐는데, 그는 바로 SNS 시인이라는 별명으로도 불리는 하상욱 작가다. 대문호가 아니더라도 아직도 텍스트만으로 사람의 마음을 울릴 수 있다는 증거이다. 특히나 젊은 층은 트렌드에 민감하

하상욱 시인의 인스타그램 @thpe4graphic

고, 새로운 것에 대한 두려움이 별로 없으니 해시태그를 활용해서 마케팅을 한다면 효과가 크다.

글쓰기도 마케팅이다

여전히 텍스트는 마케팅의 무기이다. 경쟁에서 뽑히려면 텍스트가 유용하다. 대표적인 경우가 증권사 보고서와 신문 기사 제목이다. 증권 분석 보고서에 주목을 받으려고 참신하고 기발한 제목을 쓴다. 누군가의 눈에 잘 띄도록 글을 쓰는 일은 신문사 기자가 전문이다. 아침에 배달되는 신문은 잠자리에서 일어나 식사하는 사이에 독자의 눈에 띄어야 한다. 출근이 바빠서 기사 내용을 제대로 읽지 못하므로 신문 기사를 역 피라미드식 글쓰기 방식으로 쓴다. 독자의 이목을 기사 제목으로 사로잡고 독자가 중간 제목을 훑는 동안 제대로 읽어봐야겠다는 생각이 들게 한다. 독자가 기사 전문을 모두 읽기에 현실적으로 어렵다는 데 적응한 글쓰기 방법이다. 마케팅을 목적으로 쓰는 신문기자는 첫 부분에 기사 전체의 내용을 다 알 수 있도록 쓴다.

인스타그램 마케팅에서 전달하고자 하는 메시지를 더욱 명확히 하고 싶을 때도 텍스트가 필요하다. 이미지에 텍스트를 넣는 방법도 괜찮다. 역 피라미드식 글쓰기나 하상욱 시인의 글, 나이키, 아디다스, 네스프레소의 카피처럼 쓰는 방식을 참고하자.

SNS 마케팅의 핵심,
팔로워 관리와
해시태그 제대로 다는 법

♡ ○ ▽   🔖

인스타그램 마케팅 방법은 크게 3가지이다. 첫째, 모든 SNS 마케팅의 핵심은 지금까지도 이후로도 팔로워이다. 팬을 많이 확보해야 그 사람들이 내 글을 보면 기본적으로 홍보이다. 예를 들어 필자에 계정의 인스타그램 팔로워는 약 2만 명 정도이다. 필자가 글을 쓰면 모든 사람이 다 본다고 가정할 때 약 2만 명 정도가 읽는다는 의미이기도 하다. 팔로워가 300명인 사람이 글을 쓴다면 300명이 볼 수 있기 때문에 팔로워는 많을수록 SNS 마케팅에 유리하다. 그래서 인스타그램에서도 좋은 콘텐츠를 제작해서 팔로워를 다수 확보하는 것이 가장 중요하다. 어떻게 하면 팔로워를 늘릴 수 있을지는 앞으로 얘기하겠다.

둘째로 중요한 것은 해시태그이다. 해시태그는 소비자와 나의 관심사를 하나로 묶어주는 매개체 역할을 하고 그것이 홍보 효과로 쓰인다. 예를 들어 내가 글을 쓰고 #가로수길맛집이라고 해시태그를 넣었다면 #가로수길맛집을 인스타그램에서 검색한 소비자가 내가 올린 글을 볼 수 있기 때문에 홍보가 된다. 사람들이 이전보다 네이버 검색 결과를 신뢰하지 못하고, 젊은 고객층은 인스타그램에서 브랜드나 매장을 검색하는 빈도가 높아지면서 인스타그램에서 알리는 작업이 중요해졌다.

인스타그램 가로수길맛집 검색 결과

주부를 대상으로 하는 브랜드나 상품을 판매한다면 주부가 가장 많이 인스타그램을 할 수 있는 시간대를 공략한다. 즉 오전에 자녀를 보

어린 자녀가 있는 주부 대상 인스타그램

육·교육 기관에 보내고 난 시간대에 올리면 조금이나마 더 많은 사람에게 내 포스팅이 노출된다.

마지막으로 다이렉트 메시지DM 보내기이다. 이 방법을 적극적으로 추천하지도 않고 일반적인 방법도 아니지만 특수 업종에는 효과적일 수 있다. 해시태그로 검색하여 내가 파는 상품이나 홍보하고 싶은 브랜드와 타깃이 맞는 계정이 있다면 들어가 그 사람에게 직접적으로 다이렉트 메시지를 보내서 내 상품이나 브랜드를 알리는 방법이다. 필자의 수강생 중에는 외국인을 직접 선택한 후 게스트하우스 등으로 홍보해서 매출 올리신 사장님도 있었다. 해시태그로 할 수 있는 홍보도 해볼 만하다. 필자는 손해가 아니라면 무조건 마케팅해야 된다고 생각한다. 이 방법은 시간적 여유가 있을 때 해보길 추천한다.

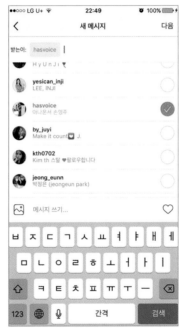

다이렉트 메시지로 홍보하기

'선팔하고 갑니다. 맞팔 부탁드려요' 과연 의미가 있을까

♡ ◯ ▽   ▯

앞에서 인스타그램뿐만 아니라 SNS 마케팅의 핵심이 팔로워를 상당수 보유하는데 있다고 했다. 팔로워가 많아지면 새 게시물을 올렸을 때 그 팔로워가 이웃 새 글 소식에서 내 게시물을 보게 될 가능성이 커진다. 그렇게 되면 좋아요를 받을 확률도 높아진다. 좋아요가 많은 게시물이 인기 게시물이 될 수 있다.

그럼 인스타그램 팔로워를 늘리는 방법은 무엇이 있을까? 가장 바람직한 시작은 신뢰가 가는 좋은 콘텐츠이다. 좋은 콘텐츠를 올려서 많은 사람이 그 인스타그램을 자주 들어가서 보고 싶다고 생각하게 만들면 자연스럽게 팔로워가 된다. 하지만 일반 사람은 다른 이에게 호응을 얻는 콘텐츠를 만들기가 어렵다. 그래서 지금부터 인스타그램의 해시태그로 팔로워 늘리는 방법을 소개하겠다. 이 방법은 일반 계정이 가장 빠르게 팔로우를 늘릴 방법이다.

첫째 인스타그램에서는 선팔, 맞팔, 언팔이라는 용어가 있다. 인스타그램 마케팅에서 해시태그와 함께 중요한 개념이기에 의미부터 짚고 가겠다. 선팔은 먼저 팔로잉한다는 의미로, 인스타그램은 다른 SNS와는 달리 친구 신청이라는 개념이 없다. 다른 SNS카카오 스토리, 페이스북에서는 항상 친구 신청이라는 개념의 방식으로 친구를 맺는다. 친구 신청을 하고 친구 수락을 하면 양방향으로 서로의 소식을 받아보는 친구가 된다. 그런데 인스타그램은 먼저 누군가가 팔로잉을 하고 다른 사람은 꼭 팔로잉하지 않아도 된다. 그래서 인스타그램에서만 쓰는 용어가 선팔이다.

팔로우하고 싶은 계정으로 들어가서 팔로우를 터치하면 팔로잉이 된다. 팔로잉한 계정과 관련 있는 계정을 보여주기도 한다. 팔로잉을 취소하고 싶으면 다시 팔로잉을 터치하면 팔로우 취소를 선택할 수 있는 화면이 나타난다. 팔로우를 취소하는 행동이 언팔이다.

친해지고 싶은 인스타그램 계정에 가거나 다른 사람의 계정에 가서 사진에 댓글로 '선팔하고 갑니다. 맞팔 부탁드려요.'라고 적으면 '내가 먼저 팔로잉할 테니 이걸 보시면 제 인스타그램에 오셔서 팔로잉을 해달라'는 의미다. 즉 인위적으로 서로 팔로워를 만들어나가는 방법이다.

이런 형식적인 팔로우를 늘리는 게 의미가 있느냐고 묻는다면 일단 보여주기 위한 팔로우가 늘어나야 사람들이 이 계정이 인기가 많다고 생각하는 첫째 기준이 되기도 하고, 누구나 내 상품이나 브랜드를 많이 봐줄수록 좋기 때문에 형식적으로라도 팔로우는 늘리는 게 낫다. 또한 인기 게시물에 올라가기 위해서는 좋아요를 많이 받을수록 확률이 높아지므로, 팔로우가 많을수록 좋아요는 늘어나기 때문에 팔로우는 최대한 많은 것이 좋다.

선팔, 맞팔에 대한 용어 정리가 되었다면 가장 추천하는 해시태그 키워드는 #선팔하면맞팔이라는 해시태그이다. 해시태그를 검색해보면 글이 몇 개 등록되어 있는지 볼 수 있다. 가장 글이 많은 해시태그이고

#선팔하면맞팔 해시태그가 있는 게시물

그 의미는 많은 사람이 검색하고 가장 많은 사람이 해시태그로 사용한다는 의미이다.

그럼 다음 단계는 당신이 #선팔하면맞팔이라는 해시태그를 검색 후 거기 나오는 계정들을 팔로워 하면서 내려간다. 좋아요까지 눌러주면 더 좋겠지만 팔로워만 해도 무방하다. #선팔하면맞팔이라는 해시태그에 현재까지는 가장 많은 글이 올라오지만, #선팔맞팔, #선팔은곧맞팔 등 뜻이 같은 해시태그가 있으니 참고하자.

이 해시태그에 가서 팔로잉을 신청하면 그 사람이 팔로잉을 신청한 것을 보고 내 계정으로 와서 맞팔한다. 왜냐하면 #선팔하면맞팔이라는 약속된 용어의 해시태그를 사용했기 때문이다. 최근 순서대로 팔로워를 눌렀기 때문에 바로 맞팔이 될 수 있다. 1년 전의 게시물에 #선팔하면맞팔이라는 글에 가서 팔로우를 진행하면 답장이 올 확률도 낮다. 그러나 이 방법에 3가지 문제가 있다.

첫째로 인스타그램이 점점 규제가 많아질 것이다. 예를 들어 만든 지 한 달이 되지 않은 계정이 하루에 터치할 수 있는 좋아요나 팔로우의 수에 한계가 있다. 또한 1시간에 너무 많은 팔로우를 만들면 인스타그램은 내가 운영하는 계정을 사람이 아닌 컴퓨터가 돌리는 계정인 줄 알고 계정 사용을 정지시키기도 한다.

너무 많은 것들이 빠르게 변하고 지금도 바뀌기에 모든 것을 책에 담을 수는 없지만, 계정을 만든 지 한 달이 안 되었다면 팔로우를 너무 많이 하지 말라고 권한다.

둘째로 선팔하면 맞팔할 수 있는, 내가 팔로잉할 수 있는 숫자가 7,500까지이다. 7,500명이 되면 다른 사람을 더 팔로잉할 수가 없게 되니 그 이상을 맞팔로 키우는 데 한계가 온다.

셋째로 살펴볼 문제점은 #선팔하면맞팔이라는 해시태그를 믿고 선팔을 했는데 상대편에서 맞팔을 오지 않은 경우가 발생한다. 이렇게 되면 내 계정에서 팔로워보다 팔로잉의 숫자가 많아진다. 이 자체가 문제가 되는 것은 아니지만 이를 싫어하는 사용자가 있다. 그 이유는 인기가 많은 계정으로 보이고 싶은 욕구가 있거나 팔로워보다 팔로잉이 훨씬 많으면 이 계정은 아무한테나 가서 팔로워를 신청하고 다니나 보다라고 생각하고 팔로잉을 안 해줄 수 있기 때문이다.

최대 팔로잉 개수를 알 수 있는 계정

대부분은 팔로워와 팔로잉을 비슷하게 맞춰서 하거나 팔로워가 많은 것을 선호한다. 이 기준을 맞추기 위해서 나를 팔로워 하지 않은 사람에게 팔로잉을 취소해야 하는데, 나를 팔로워 하지 않은 사람을 찾아주는 애플리케이션을 활용해서 언팔팔로우 해제을 하면 된다. 언팔하는 방법에 대해선 뒤에서 자세하게 다루겠다.

유명 인사 인증 샷만으로는 부족하기에, 계정 언급하기와 사람 태그하기

♡ ○ ▽   ⬜

정성 들여 찍은 사진이 더 많은 팔로워에게 공개될수록 더 큰 반향이 생긴다. 결국, 인스타그램이 팔로워 숫자로 승부가 결정되는 SNS라고 말하는 것은 그런 맥락에서다. 그러므로 팔로우 관계를 더욱 건전하게 유지할 필요가 있다.

가. 계정 언급하기

유명한 사람과 함께 인증사진을 찍는 까닭은 팔로워 숫자를 늘리기 위해서이다. '이 방법이나 맞팔 신청 말고는 팔로워를 늘릴 방법이 없을까'를 고민해보았다. 예를 들어, 평범한 보통 사람이 유명 인사에게 맞팔을 신청해서 유명 인사가 나에게 팔로우를 걸어줄 확률은 거의 없다. 이런 현실적인 고민에서 나온 하나의 팁이 '계정 언급하기'다.

유명 인사가 인스타그램에 사진을 하나 올리면 아마 좋아요나 댓글이 수십, 수백 개씩은 달리겠지만 유명 인사가 그것을 일일이 확인하고 팔로우 신청을 하기는 현실적으로 힘들다. 이럴 때 활용할 수 있는 방법이 계정 언급하기이다. 내가 올린 게시물에 팔로우 관계를 맺고 싶은 사람을 언급하면 그 사용자에게 알림이 표시된다. 선팔한 다음에 유명 인사의 사진을 예쁘게 꾸민 후 계정을 언급하면 그 사실이 상대방에게 알려지면서 팔로우를 해줄 가능성이 조금이라도 높아진다. 계정 언급하기를 하는 방법은 언급하고자 하는 사람의 이름 앞에 @를 입력하면 된다. 댓글 입력란에 @를 넣고 계정의 첫 글자를 넣어 관련 계정이 나타

댓글로 계정 언급하기

나면, 터치하여 선택한 후 내용을 입력한다. 이때 @와 계정 사이는 띄어쓰기를 해서는 안 된다.

나. 사람 태그하기

계정 언급하기 이외에도 사진을 활용하는 팁이 있다. 내가 보유한 사진에 태그로 사람을 추가하는 방법이다. 맞팔 관계를 원하는 사람에게 내 사진을 보여준다. 상대방이 관심 가질만한 사진을 만들거나 내가 가진 사진을 선택한 후 공유 화면에서 사람 태그하기를 터치하여 맞팔하고 싶은 사람의 이름을 검색해 선택하고 완료를 누른다. 이미 갖고 있던 사진이면 해당 사진으로 이동한 후에 사진 아래에 있는 점 3개짜리 단추를 클릭하면 사람 태그하기 메뉴가 나오는데 그것을 터치하면 된다.

1) 사진을 찍고 사진에 맞는 문구와 해시태그를 입력한다. 그런 다음 사람 태그하기를 터치한다.

2) 사람 태그하기 화면이 나타나면 사진을 터치하여 태그하고자 하는 사람의 이름이나 계정을 입력하거나 선택한다. 사진에서 태그의 위치를 원하는 곳으로 이동하거나 수정한 다음 완료를 터치한다.

사진을 찍은 뒤 사람 태그하기

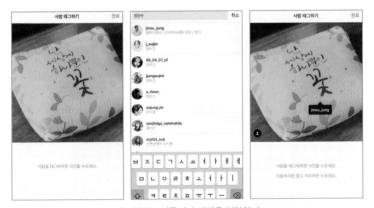

태그하려는 이름이나 계정을 입력하기

3) 공유하기를 터치하여 게시물의 왼쪽 아래 검은 원 안의 사람을 터치하면 태그된 사람을 확인할 수 있다.

4) 태그할 게시물을 선택하고 오른쪽 위쪽의 점 3개를 터치한 후 안내 화면이 나오면 수정을 터치한다.

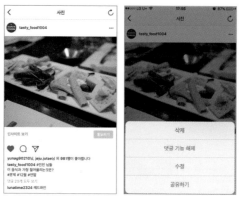

게시한 사진에서 메뉴 보기

5) 왼쪽 아래의 사람 태그하기를 터치하여 사람 태그하기 화면이 나타나면 사람 태그를 설정한다.

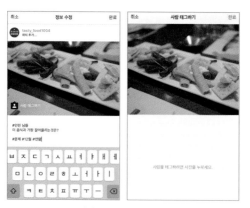

사람 태그하기에서 수정

6) 내 계정이 언급되거나 좋아요를 얻거나 태그가 되면 아래쪽의 하트에 다음과 같은 알림이 나타난다. 그 알림을 터치하면 나를 팔로우하거나 내 게시물의 좋아요를 터치한 계정 등의 정보를 확인할 수 있다.

하트에 알림 사항

7) 인스타그램 프로필의 사람 태그하기를 터치하면, 내 계정이 태그된 사진을 '회원님이 나온 사진'이라는 화면에서 모두 확인할 수 있다.

사람 태그하기에서 내 계정 태그 확인

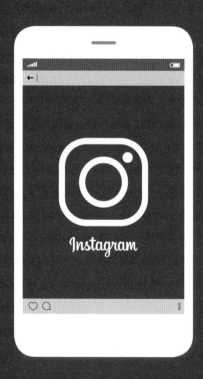

PART 6

고수는 인스타그램으로 비즈니스 이렇게 한다

광고인 듯 아닌 듯 끌려드는 콘텐츠, 인스타그램 스폰서 광고

♡ ○ ◁   ⊓

인스타그램을 하다 보면 광고인지 아닌지 헷갈리는 게시물이 있다. 페이스북에서는 종종 광고를 보기도 하고 광고로 보여서 그냥 지나치기도 한다. 그런데 인스타그램에서는 계정 옆에 스폰서드Sponsored라는 단어가 보이는 화면이 바로 광고이다. 게시물 아래에 더 알아보기나 지금 신청하기 등과 같은 문구가 보이는데, 터치하면 관련 웹 사이트나 웹 페이지로 이동한다. 비용이 발생하는 부분이기에 광고하는 목적을 정확히 이해하고 타깃의 분석이 완벽히 되었을 때 진행하기를 권한다. 그렇다면 인스타그램의 광고 설정 방법에 대해 간단히 알아보겠다.

인스타그램에 올린 스폰서 광고

가. 페이스북과 연동하여 광고하기

1) 인스타그램의 광고를 진행하기 위해서는 그 전에 페이스북에 로그인한다. 로그인하여 오른쪽 위의 역삼각형을 클릭하고 나타나는 메뉴에서 광고 만들기를 선택한다.

페이스북 로그인하여 메뉴에서 광고 만들기를 선택

2) 그러면 광고 관리자 페이지가 나온다. 광고를 진행하기 전에 캠페인을 설정해야 한다. 사용한 캠페인을 저장해두면 다음번 캠페인에서 다시 불러서 사용할 수 있어 편리하다. 캠페인 목표에 맞는 선택을 한다. 그런 다음 광고 계정 만들기를 클릭한다.

광고 관리자 페이지에서 캠페인 설정

3) 광고 계정 페이지가 나타나면 설정 후에 계속을 클릭한다.

광고 관리자 페이지에서 계정 만들기

4) 광고 세트 페이지가 나타나면 필요한 내용을 설정한다. 나이와 상세 타깃팅은 광고의 효과에 직접적인 영향을 미치므로 자신의 마케팅 목적을 분석하여 적용한다.

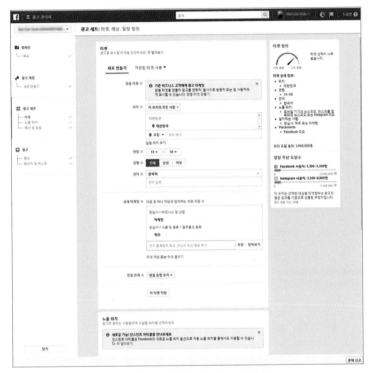

광고 세트 페이지에서 광고 타깃 설정하기

5) 광고 세트의 예산과 일정을 정한다. 앞서 이야기한 것과 같이 마케팅 목적에 맞춰 설정한 후 계속을 클릭한다.

광고 세트 페이지에서 광고 예산과 일정 정하기

6) 광고 페이지가 나타나면 인스타그램에서 보일 이미지나 텍스트, 광고를 터치했을 때 보이는 웹 사이트나 웹 페이지 등의 설정을 한다.

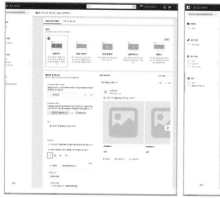

광고 페이지에서 대표 이미지 정하기

7) 같은 화면에서 주문하기를 클릭하면 인스타그램 스폰서 광고가 설정된다.

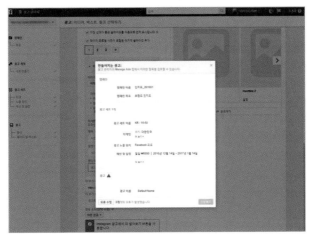

광고 페이지에서 주문하기

나. 인스타그램에서 직접 광고하기

앞에서 페이스북과 연계하여 광고를 진행하는 방법을 알아보았다면 이번에는 인스타그램에서 직접 광고하는 방법을 알아보겠다.

1) 인스타그램 비즈니스 계정에서만 광고가 가능하기 때문에 오른쪽 위의 설정을 터치한다. 비즈니스 계정이 아니라면 비즈니스 프로필로 전환을 터치하여 비즈니스 계정으로 전환한다. 광고할 게시물을 선택하고 게시물 아래의 홍보하기를 누른다.

인스타그램 비즈니스 계정 화면

2) 선택한 게시물에 대한 광고 설정 화면이 나타난다.

비즈니스 계정에서 홍보하기를 누른 뒤 나오는 화면

3) 게시물의 홍보 목적에 맞춘 행동 유도 버튼을 누른다.

비즈니스 계정 홍보하기에서 행동 유도 설정

4) 타깃과 총예산, 기간, 결제 수단 등을 설정한 후 홍보를 터치하여 광고를 게시한다. 인스타그램의 인사이트에서 광고 게시물의 노출 수와 클릭 수, 도달 수 등을 확인할 수 있다.

비즈니스 계정의 인사이트에서 확인

쇼핑 몰로 진화 중인 인스타그램 기능 똑똑하게 활용하기

♡ ○ ▽   ⊓

인스타그램의 상승세는 그야말로 무섭다. 페이스북이 점차 내리막길을 걷고 있지만 인스타그램은 이제부터 시작이다. 우리나라에서의 인스타그램 사용률이 2017년 36.4%, 2018년에는 51%라는 무서운 성장 속도만 봐도 인스타그램의 인기를 짐작할 수 있다.

사람이 몰리는 채널에는 항상 비즈니스가 활성화된다. 인스타그램도 처음에는 개인의 일상사진을 공유하는 채널이었으나 이제 서서히 페이스북처럼 상거래를 도모하는 채널로 바뀌고 있다. 이는 SNS 채널에 있어서는 필연적인 부분으로서 사람이 많은 곳에 비즈니스가 있다는 말이 있는 만큼 인스타그램도 예외가 아니다.

이런 상황에서 인스타그램 쇼핑 몰의 등장에 그리 새로운 것이 없다. 이미 해외에는 인스타그램의 비즈니스화가 어느 정도 진행되었다. 우리나라의 경우 2018년 초반까지는 잠잠하다가 2018년 6월 쇼핑상품 태그의 등장으로 인스타그램을 쇼핑 몰로 활용하려는 움직임이 활발하게 전개되었다. 아직은 상품 태그를 통한 쇼핑 몰 계정이 많지 않지만 2019년을 기점으로 인스타그램 쇼핑 몰이 많이 생겼을 것이다. 쇼핑 몰을 운영하는 사업자라면 반드시 인스타그램 쇼핑 몰을 개설하고 운영해야 한다. 이제부터 인스타그램으로 쇼핑 몰을 구축하는 방법을 살펴보자.

상품 홍보를 위한 인스타그램 전략들

가. 인스타그램의 기존 전략

상품 태그가 등장하기 전에도 인스타그램으로 쇼핑 몰 형태의 계정을 운영하는 사람들이 있었다. 이것은 지금도 마찬가지이다. 인스타그램은 사진 위주의 SNS이기 때문에 상품을 보여주는 쇼핑 몰 형태의 계정을 만들기에 최적의 채널이다. 또한 1분 정도의 동영상을 보여줄 수 있기 때문에 상품을 소개하고 홍보하는데 적절하다.

하지만 인스타그램 쇼핑 몰을 운영하는데 다른 SNS에는 없는 치명적인 약점이 '인스타그램은 본문과 댓글에 외부 링크를 허용하지 않는다는 점'이다. 본문에서 상품을 홍보하고 구매로 연결하기 위해서는 외부 링크가 필요하므로 상품을 판매하는 사업자는 부득이하게 본문이 아닌 디엠DM을 사용한다. 본문에 제품에 대한 문의가 필요하면 디엠으로 남겨달라는 문구를 남김으로써 제품 판매를 유도해왔다.

나. 프로필을 전략적으로 활용한다

본문이나 댓글에는 링크를 삽입하지 못하는 대신 프로필의 일부분에 링크 삽입을 할 수 있어 다른 채널로 유도할 수 있다. 물론 이러한 방식만으로는 본격적인 쇼핑 몰 스타일의 채널을 운영하는 데 한계가 있지만, 프로필을 전략적으로 잘 활용한다면 홍보 효과를 누릴 수 있다. 먼저 프로필에 내 쇼핑 몰 채널의 메인 링크를 삽입한다. 만약 현재 인스타그램 계정에 주로 상품을 등록하여 판매를 유도하고 있다면 프로필 링크에 오픈 마켓이나 스마트 스토어, 블로그 마켓 채널을 등록함으로써 쇼핑 몰 채널로 연결한다. 다음으로 현재의 채널을 개인 브랜드 관리를 위한 채널로 운영한다고 한다면 네이버 모두www.modoo.at와 같은 홈페이지나 브랜드 블로그로 이동하여 더 많은 콘텐츠를 살펴보게 할 수 있다. 이렇게 프로필을 최대한 활용하여 내 고객을 외부 사이트로 유도할 수 있다.

다. 인기 쇼핑 태그로 쇼핑 몰 만들기

2018년 6월, 인스타그램 쇼핑상품 태그가 도입되었다. 기존에는 인스타그램에서 상품을 판매하거나 제품을 홍보하고자 할 때 외부 링크를 프로필 자리에만 넣을 수 있었다. 이제는 인스타그램 본문에도 쓸 수 있지만 여전히 텍스트 방식의 외부 링크를 사용할 수 없다. 쇼핑 태그는 인스타그램 게시물을 등록하고자 할 때 나타나는 상품 태그라는 항목으로 연동이 가능하다. 쇼핑 태그를 붙이면 첨부된 사진을 클릭했을 때 해당 상품의 가격 정보와 외부 링크가 활성화되며 클릭하면 그 상품을 등록한 쇼핑 몰로 이동한다.

인스타그램에서 쇼핑 태그를 사용하기 위해서는 사전에 꼭 페이스북 페이지가 있어야 한다. 페이스북 페이지의 샵 기능을 활성화한 다음 활성화된 페이스북 페이지에 당신의 상품을 등록한다. 이렇게 등록한 제품은 인스타그램에 게시물을 올릴 때 상품 태그에 나타난다. 인스타그램 게시물에 내가 올린 상품에 태그가 표시되는 것을 현재 쇼핑 태그라고 부른다.

내 인스타그램에 쇼핑 태그를 연동하려면 페이스북 페이지 개설, 페이스북 페이지 샵 기능 활성화, 페이스북 페이지에 상품 등록, 인스타그램 계정을 비즈니스 계정으로 전환, 페이스북 승인 확인, 인스타그램 게시물 등록 시 상품 태그 항목 확인, 이 순서로 한다. 이제부터 인스타그램에 쇼핑 태그를 연동하여 쇼핑 몰 운영 계정으로 만드는 과정을 살펴보자.

1) 페이스북 페이지 개설하기
인스타그램에서 쇼핑 태그를 붙이기 위해서는 먼저 페이스북 페이지를 개설한다. 기본적으로 인스타그램은 페이스북 페이지가 없어도 운영할 수 있으며 비즈니스 계정으로 전환 시에도 페이스북에서 자동으로 인스타그램에서 페이지를 개설해준다. 하지만 쇼핑 태그를 사용하고자 한다면 반드시 페이스북에 가입하여 페이스북 페이지를 생성해 페이지에서 기본적인 설정을 해야 한다.

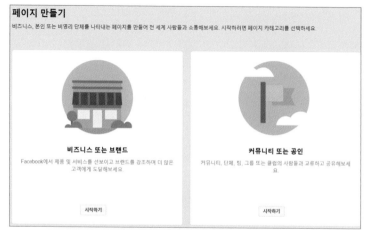

페이스북 페이지 만들기

2) 페이스북 페이지 샵 기능 설정하기

페이지를 만들었다면 이번에는 페이지의 설정에서 템플릿 항목을 클릭한다. 그 이후 템플릿 속성을 수정하여 페이지의 템플릿을 쇼핑으로 설정한다. 페이지의 템플릿을 쇼핑으로 설정하면 페이지의 메인 메뉴에 샵 메뉴가 추가된다.

페이스북 페이지에 상품 등록하기

페이지에 새롭게 생성된 샵 메뉴를 클릭하면 [제품 추가] 단추가 보인
다. 인스타그램에서 쇼핑 태그를 붙이기 위해서는 먼저 페이스북 페이
지의 샵에서 제품을 등록한다. 인스타그램에서 게시물 작성 시 페이스
북 페이지에서 등록해 둔 제품을 태그한다. 템플릿에서 쇼핑 메뉴를 추
가하고 난 뒤 페이지에서 샵 메뉴를 클릭하면 아래와 같은 화면이 나오
는데 절차에 따라 진행한다.

[판매자 약관 및 정책에 동의합니다]에 표시를 하고 [계속]을 클릭한
다.

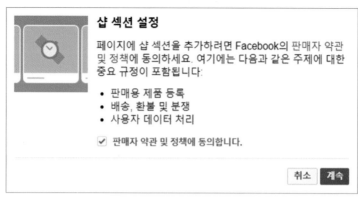

페이스북 페이지에 샵 섹션 설정

결제 수단 선택에는 [다른 웹 사이트에서 결제]를 선택하고 [계속]을 클릭한다.

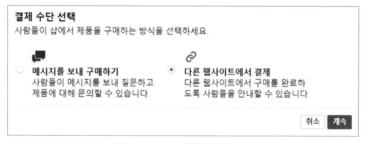

페이스북 페이지에서 할 결제 수단 선택

샵 설정에서는 대한민국 원화를 기본으로 하여 [저장] 단추를 누른다.

페이스북 페이지에 샵 설정

이제 샵 메뉴에서 제품을 하나 등록해 보자. 아래 보이는 화면에서 [제품 추가]를 클릭한다.

상품을 등록할 페이스북 페이지 샵

제품을 추가하는 화면이 나타난다. 이 상태에서 아래와 같이 판매하고자 하는 제품의 정보를 입력한다. 이 정보는 인스타그램에서 쇼핑 태그를 클릭한 뒤 구매하기 단계에서 웹 사이트 이동 정보 등이다.

페이스북 페이지 샵에서 제품 추가

3) 인스타그램 게시물에 제품 태그 등록하기

페이스북 페이지에 상품 등록 후 몇 시간이 흐르면 인스타그램에서도 상품을 등록할 수 있다. 게시물을 등록할 때 아래와 같이 '제품 태그 하기'라는 항목이 나타나는데, 클릭하면 현재 인스타그램과 연동된 페이스북 페이지 샵에 등록된 제품 목록이 나타난다. 이 목록에서 해당 상품을 선택한다. 만약 등록했던 상품이 나타나지 않는다면 상품이 나타날 때까지 기다린다.

인스타그램 쇼핑 태그를 활용한 게시물 등록

다음 페이지의 이미지는 모자를 판매하는 인스타그램의 채널이다. 게시물을 게시하면 사진 아래쪽에 쇼핑백 아이콘이 나타난다. 쇼핑백 아이콘을 클릭하면 해당 상품의 정보가 사진에 나타나며 클릭 시 제품을 구매할 수 있는 페이지로 이동한다.

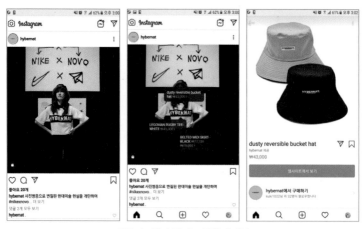

인스타그램 쇼핑 태그 적용 게시물

4) 쇼핑 태그 미적용 제품들

쇼핑 태그가 적용되는 제품에는 제한이 있다. 페이스북에서는 이를 위해 상품 등록 시 금지하거나 제한하는 항목이 있다. 따라서 페이스북 사이트에서 본인이 판매하고자 하는 상품 중에 금지 상품이 있는지를 확인한 후 적용하기 바란다.

최소 투자로
은근슬쩍 매출이 늘어나는
인스타그램 운영법

♡ ○ ▽   🔖

판매 중인 상품을 인스타그램 쇼핑 몰에 연동하라

만약 외부에서 자사 몰, 오픈 마켓, 스마트 스토어 등의 쇼핑 몰을 운영하는 사업자라면 인스타그램 쇼핑 몰을 적극적으로 추천한다. 앞서 살펴보았듯이, 현재 국내에서 급성장하는 SNS 채널은 유튜브와 인스타그램뿐이다. 페이스북은 점점 가입자 수가 떨어지고 이탈률도 늘어난다. 하지만 인스타그램은 점점 가입자 수가 늘어나는 중이다.

이런 상황에서 인스타그램을 최대한 활용하지 않을 수가 없다. 가능한 많은 팔로워를 모은 다음 그 채널에 쇼핑 태그를 연동하여 당신이 판매하는 상품을 인스타그램 채널로 연계할 수 있도록 한다. 이렇게 하기 위해서는 인스타그램에서 꾸준히 팔로워를 모으고 규모를 키운다. 아직은 쇼핑 태그를 적용하여 제품을 판매하는 인스타그램 채널이 많지 않으니 빠르게 쇼핑 태그 기능을 접목하여 기회를 선점해야 한다.

기존에는 인스타그램 내에서 쇼핑 몰로 보낼 방법은 기껏해야 프로필 링크나 디엠 정도뿐이었다. 이제는 쇼핑 태그라는 날개를 달면서 인스타그램이 진정한 비즈니스 SNS 채널로 변모 중이다. 당장 페이스북 페이지에 당신의 쇼핑 몰 제품을 등록하고 인스타그램 게시물에 연결하여 상품을 등록하자. 자사 몰이나 오픈 마켓에 이미 많은 고객이 방문한다면 다행이지만 방문하는 고객이 부족하여 상품의 판매가 저조하다면 이제 인스타그램 쇼핑 몰을 구축하여 사용자 트래픽을 발생시키자. 그러면 인스타그램에서 새로운 기회를 잡기 쉬워진다.

만약 하나의 제품을 자사 몰, 오픈 마켓, 스마트 스토어 등에 동시에 판매하고 있다면 어떤 쇼핑 몰 사이트에 쇼핑 태그 게시물을 연결할까? 정답이 존재하는 것은 아니지만 만약 필자라면 스마트 스토어에 연결한다. 이유는 간단하다. 스마트 스토어는 결제가 쉽고 트래픽을 계속 몰아준다.

스마트 스토어는 네이버 환경에서 네이버 페이로 결제를 한다. 다른 자사 몰이나 오픈 마켓의 복잡한 결제 시스템보다는 엄청나게 간소화한 결제 시스템을 보유하므로 상품 링크를 따라 들어간 고객이 결제하는데 한결 수월하다. 그리고 네이버 플랫폼을 신뢰할 수 있어 고객이 안

심하고 결제한다. 이것이 스마트 스토어의 강점이다. 그리고 인스타그램을 타고 들어간 스마트 스토어 쇼핑 몰 트래픽도 증가시킨다. 스마트 스토어는 유입된 사용자에 따라서 유입 점수를 주므로 노출도에서 많은 점수를 얻을 수 있다. 따라서 되도록 자사 몰이나 오픈 마켓보다는 네이버 스마트 스토어의 상품에 쇼핑 태그를 붙여서 인스타그램 게시물로 올리라고 권장한다. 또한 스마트 스토어에도 페이스북 픽셀을 연동할 수 있으며 이로써 리타깃팅 광고까지 집행하여 매출 증가를 기대할 수 있다.

하이라이트에 메인 상품을 전시하라

쇼핑 태그와 동시에 내 상품을 홍보하려면 하이라이트를 활용한다. 하이라이트는 대문 화면에 동시에 5개까지 할 수 있다. 물론 상품을 더 많이 등록해 놓지만, 스마트폰 화면상에서 항상 보이는 것은 5개 정도가 고작이다. 따라서 하이라이트에 주로 판매하는 물품을 내세우자. 하이라이트로 등록하기 위해서는 먼저 스토리를 만들어야 한다.

인스타그램 좌측 상단의 +기호가 있는 내 프로필 아이콘을 클릭하면 스토리를 등록할 수 있다. 등록된 스토리는 24시간 이후에는 삭제되므로 이를 유지하도록 하려면 반드시 하이라이트로 변경해야 한다. 하이라이트로 변경된 후에는 메인 프로필 바로 밑에 위치한다. 이로써 지속해서 내가 판매하고자 하는 상품이 노출된다. 물론 하이라이트에는 쇼핑 태그가 붙지 않으므로 상품에 대한 게시물은 미리 쇼핑 태그를 붙여서 올려놓아야 구매 전환을 시킬 수 있다.

인스타그램 광고에 내 쇼핑 몰 상품을 홍보하라

인스타그램 광고 집행에 대해서는 여기서는 간단하게 언급한다. 쇼핑 태그로 내 상품의 게시물을 올렸다면 이제 이 게시물을 인스타그램 광고로 홍보할 수 있다. 게시물에 있는 [홍보하기] 단추를 누르면 비용을 들여서 특정 인스타그램 사용자를 대상으로 홍보할 수 있다. 쇼핑 태그

인스타그램에서 동영상 쇼핑태그

가 포함된 게시물을 광고하므로 타깃이 되는 사용자의 피드에는 광고가 나오고 그 광고 게시물의 쇼핑 태그를 클릭하면 해당 쇼핑 몰의 URL로 이동할 수 있다.

인스타그램 광고는 페이스북과 마찬가지로 저렴한 비용으로 많은 고객에게 게시물을 전달할 수 있다. 따라서 어떻게 하면 내 게시물을 많은 사용자가 클릭할 지에 대해서 연구하고 실험해야 한다. 광고도 결국 콘텐츠 싸움이라서 내 계정에 방문하도록 게시글을 많이 써보는 시도도 중요하다. 참고로 쇼핑 태그는 동영상에도 붙일 수 있다. 동영상에 쇼핑 태그를 붙이면 태그 클릭 시 동영상 아랫부분에 제품에 대한 정보가 나오며 이를 클릭하면 상품 구매 페이지로 이동할 수 있는 링크가 나온다.

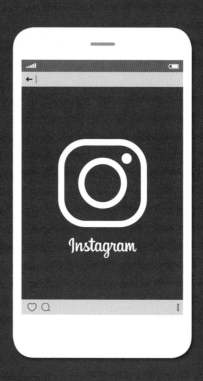

인스타그램 고수들만 아는
유용한 프로그램
& 애플리케이션

빨리 모으고
잘 관리하도록 돕는
팔로워 관리 애플리케이션

♡ ○ ▽   🔖

인스타그램을 좀 더 편리하게 사용할 수 있게 해 주는 인스타그램 애플리케이션이 있다. 다음은 필자가 추천하는 애플리케이션으로 플레이 스토어와 앱 스토어에서 검색하여 자신의 휴대 전화에 설치할 수 있다. 단 휴대 전화 기종에 따라 설치 환경이 달라서 사용이 불가능한 애플리케이션이 있으니 유의하자.

가. 팔로잉 상태를 확인하기에 안성맞춤 팔로어 인사이트

인스타그램에서 팔로워의 숫자가 마케팅에 미치는 효과가 있다고 하여 앞서 소개한 방법으로 선팔을 신청해놓고 맞팔을 하고 나면 다시 언팔 하는 계정이 발생한다. 언팔한 계정을 확인하기 위해 인스타그램 용 팔로어 인사이트 애플리케이션을 사용하면 편리하다. 아이폰 용이 조 금씩 다를 수 있으니 비슷한 애플리케이션을 찾아서 사용하면 된다.

팔로어 인사이트 내려받기

1) 팔로어 인사이트 애플리케이션을 설치하여 실행한 후 정리가 필요 한 인스타그램 계정을 입력하여 로그인한다.

팔로어 인사이트 실행 후 로그인

2) 다음과 같이 인스타그램 계정을 분석하는 화면이 나타난다. 게시물의 개수가 많을수록 시간이 오래 걸린다. 분석이 끝난 화면에서 논팔로어를 선택하여 논팔로어를 나타내는 화면이 나타나면, 언팔로우 단추를 터치하여 정리한다.

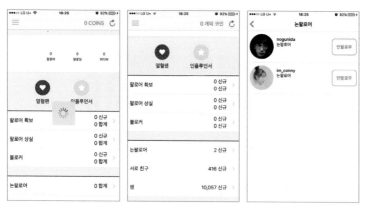

계정 분석 결과

나. 계정 분석하기에게 적격인 팔로워 플러스

팔로워 플러스+는 앞서 소개한 인스타그램 용 팔로어 인사이트와 같이 인스타그램에서 운영하는 계정을 분석하고 정리하는 애플리케이션이다.

팔로워 플러스 내려받기

1) 팔로워+ 애플리케이션을 터치하여 실행시키면 다음과 같이 이메일을 입력하는 화면이 나온다. 이메일을 입력하고 다음을 터치한 뒤 브랜드 카테고리에서 자신이 운영하는 계정의 카테고리를 선택한다.

팔로워 플러스 로그인

2) 필자가 운영하는 인스타그램의 정보를 분석하여 정리하였다. 오른쪽에 최신 게시물 7개를 터치하면 게시물 종류에 따라 상태를 확인할 수 있다.

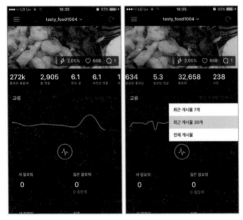

팔로워 플러스로 게시물 분석

3) 왼쪽 위에 메뉴를 터치하여 메뉴 마다 인스타그램 계정의 상황을 확인할 수 있다.

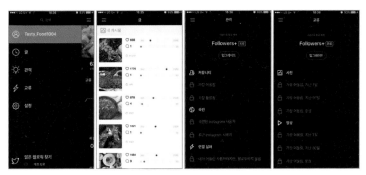

팔로워 플러스로 계정 분석

다. 좋아요를 눌러서 하트 모으기 라이크미

라이크미는 인스타그램의 팔로워와 좋아요 개수를 늘릴 수 있는 애플리케이션이다. 이 애플리케이션에서 다른 계정을 팔로워 하거나 좋아요를 눌러서 받는 쿠키를 이용하여 자신이 운영하는 계정의 팔로워와 좋아요 수를 늘릴 수 있다.

1) 라이크미 애플리케이션을 실행하고 인스타그램이나 페이스북으로 로그인한다.

라이크미 내려받기

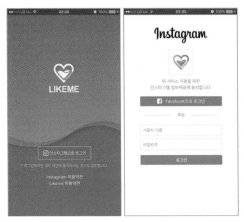

인스타그램으로 로그인

2) 쿠키 줍기 화면이 나타나면 좋아요나 팔로우를 선택한다. 좋아요
나 팔로우를 선택할 때마다 내 계정에 쿠키가 하나씩 쌓인다.

라이크미에서 쿠기 줍기

3) 하트 받기 화면에서 선택하기를 터치한 뒤 좋아요를 늘리고 싶은 게시물에 원하는 만큼 좋아요 수를 입력하면 된다. 이때 내가 쌓아두었던 쿠키를 사용하거나 쿠키 상점에서 쿠키를 충전하여 사용한다.

라이크미에서 하트 받기

라이크미 애플리케이션을 실행하고 환경설정의 추천인 관리에 추천인으로 like_me_insta를 입력하면 무료로 200 쿠키를 받는다. 추천인 시스템을 이용하는 횟수에 제한이 없다.

라이크미 추천인 쿠폰

STORY #2

좀 더 쉽고 빠르며
간단하게 올리기
도우미 애플리케이션

♡ ○ ▽   ⊟

가. 직사각형 사진 맞춤 올리기 인스타사이즈

인스타사이즈 내려받기

인스타그램에 사진을 올릴 때 사용하는 애플리케이션으로 사진을 자르지 않고 계정에 올릴 수 있어 유용하다.

1) 인스타사이즈Instasize를 터치하여 실행한 뒤 모든 사진라이브러리, 앨범에서 사진을 선택하거나 중간의 동그란 단추를 눌러 올릴 사진을 찍는다.

인스타사이즈에서 사진 찍기

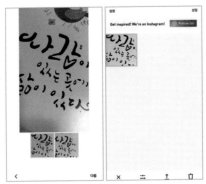

인스타사이즈에서 사진 고르기

2) 필터나 효과를 사용하여 올릴 사진을 수정한다. 그런 다음 완료를 터치한 뒤 인스타그램Instagram을 선택한다. 다시 다음과 같은 화면이 나타나면 인스타그램Instagram에 복사를 선택한다.

인스타사이즈로 사진을 수정하기

3) 내가 운영하는 인스타그램 계정과 바로 연계되어 사진을 올릴 수 있다.

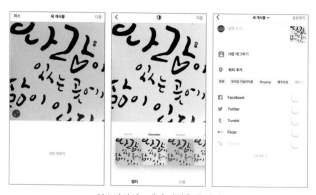
인스타사이즈에서 사진을 올리기

나. 사진 편집하기의 고수 인스트랙

필자가 운영하는 인스타그램 계정을 분석하고 정리해주는 애플리케이션이다.

인스트랙 내려받기

1) 인스트랙InsTrack을 터치하여 애플리케이션을 실행하여 인스타그램 계정으로 로그인한다.

인스트랙 로그인하기

2) 인스타그램 계정을 분석해서 보여준다. 논 팔로워즈Non Followers 를 터치한다. 여기서 숫자 2는 나는 팔로우를 했지만, 상대방은 나를 팔로우하지 않은 숫자이다.

인스트랙에서 계정 분석

3) 다음과 같은 화면이 나타나면 팔로잉Following을 터치하여 언팔로우 한다.

인스트랙으로 팔로잉 전환

다. 끌리는 포스팅을 나의 인스타그램으로 가져오는 법 리포스트

요즘 인스타그램을 하다 보면 리포스트
나 리그램이라는 단어를 자주 접한다. 리
그램은 남의 포스팅을 내 인스타그램 계정
에서 공유할 때 사용하는 용어다. 인스타
그램 자체적으로는 남의 포스팅을 공유할
수 없어서 리포스트Repost 같은 애플리케
이션을 사용한다.

리포스트 내려받기

1) 리포스트를 터치하여 애플리케이션을 실행한 후 인스타그램 계정
과 연결되면 리포스트 할 게시물을 선택한다.

리포스트에서 게시물 선택하기

2) 리포스트 할 게시물의 오른쪽 위쪽의 점 3개를 터치하여 나타나는
화면에서 공유 URL 복사를 터치한다.

리포스트로 공유할 사이트 복사하기

3) 다시 리포스트 애플리케이션으로 돌아오면 방금 URL을 복사한 게
시물이 다음과 같이 화면에 나타난다. 리포스트 할 게시물을 선택한다.

리포스트 공유할 게시물 정하기

4) 왼쪽과 같은 화면에서 리포스트 할 화면을 자르거나 게시물의 원래 계정 위치 표시를 수정할 수 있다. 리포스트를 터치하고 나타나는 화면에서 갓 잇Got It를 선택한다.

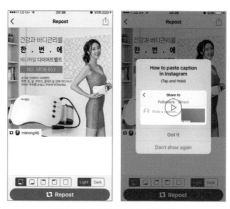

리포스트 게시물과 주소 수정 가능

5) 다음과 같이 나타나는 화면에서 카피 투 인스타그램Copy to Instagram을 선택하면, 인스타그램이 실행되면서 게시물을 리포스트 한다.

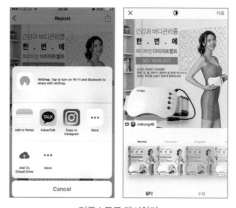

리포스트로 게시하기

대충 만들어도
제대로 만든 것 같은 효과를 주는
애플리케이션

♡ ◯ ▽   ⬚

가. 베이직한 영상 제작과 편집하기 이것 하나면 끝, 멸치

멸치 초기화면

내 제품으로 멋진 홍보영상을 만들고 싶지만, 외주를 맡기면 몇십 몇백 만 원의 비용을 들여야 한다. 하지만 멸치라는 애플리케이션을 사용하면 외주 영상 제작을 맡기지 않더라도 당장이라도 광고가 가능한 멋진 영상을 제작할 수 있다. 상품 홍보나 가게 홍보, 기업 광고 영상 제작에 어려움을 겪고 있다면 반드시 무료 애플리케이션인

멸치를 사용해 보자.

1) 멸치를 처음 실행하면 아래와 같은 메뉴가 나오는데 제품의 광고 영상을 제작하기 위해서 광고 메뉴를 선택하자.

멸치 메뉴에서 광고 선택하기

2) 159개의 광고 영상 템플릿 중에서 마음에 드는 템플릿을 선택하면 된다. 이미지 아래에 검은색으로 분, 초 표시가 있는 쪽이 동영상 템플릿이다.

멸치에서 광고 템플릿 선택

3) 서식을 하나 선택한 뒤 화면 아래 단추 중에서 [영상 만들기]를 선택하면 영상을 제작하는 화면으로 바뀐다.

멸치로 영상 만들기

4) 선택한 서식으로 들어오면 아래와 같이 해당 신Scene에 사진이나 동영상, 해당 문구를 입력한다.

5) 제작이 끝난 후 [완료] 단추를 클릭하면 영상을 만든다. 영상 제작은 1~2분 정도의 시간이 소요되므로 인내심을 가지고 기다려보자. 제작이 완료된 영상을 스마트폰에 내려받는다. 내려받은 후 당신의 홈페이지나 SNS에 게시하면 된다.

멸치로 만드는 동영상에 내용 입력

멸치로 영상 제작 완료

나. 끌리는 영상 제작 플랫폼의 끝판왕 쉐이커

쉐이커www.shakr.com는 멸치의 유료용 버전이다. PC에서만 제작할 수 있다. 개인 및 소상공인은 월 9만 9천 원 정도의 비용으로 상당이 품

질 좋은 홍보영상을 제작할 수 있다. 외주 제작에 몇백 만 원 정도의 비용을 지불하고 있다면 당장이라도 쉐이커를 사용해 보자. 가로형 및 세로형 동영상 모두에 최적화된 홍보 동영상을 제작할 수 있다.

쉐이커 초기 화면

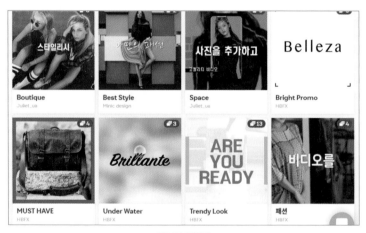

쉐이커 템플릿

다. 쉽게 그러나 세련되게 동영상 편집하기 블로

멸치와 같이 템플릿 형태가 아니라 본인이 직접 영상을 편집하여 제작하는 것은 어떨까? 그러고 싶다면 당신에게 블로VLLO를 추천한다. 블로는 영상 편집 애플리케이션이다. 타임라인 기반으로 사진과 영상을 올려놓고 다양한 효과 및 배경음악 등을 더하여 영상을 제작할 수 있다. 상용의 애프터 이펙트Adobe After Effects에서와 같은 화려한 전환 효과도 제공하므로 적극적으로 활용하여 상품 및 가게 홍보 영상을 직접 제작해 보자.

1) 블로를 시작하면 모션 포토와 모션 비디오 메뉴가 나오는데 여기서는 모션 비디오를 선택한다. 모션 포토는 사진 한 장을 꾸미는 기능이며

블로에서 모션이나 비디오 작성을 선택하기

모션 비디오는 사진이나 비디오를 편집하여 영상을 만드는 기능이다.

2) 영상으로 제작할 사진이나 촬영 영상 컷을 선택한 후 오른쪽 위에
화살표를 클릭한다.

블로에서 모션이나 비디오 작성을 선택하기

3) 영상의 형태를 선택한다. 기본은 유튜브 크기인 16:9로 설정되어
있다. 페이스북은 보통 9:16, 인스타그램은 1:1로 선택하여 제작한다.

블로 동영상 제작시 영상의 형식 정하기

4) 사진이나 영상을 불러오면 아래와 같은 일반적인 타임라인 기반의
영상 편집 화면으로 전환된다. 이곳에서 사진 전환 시 효과, 배경음악

블로로 영상 편집

추가, 화면에 스티커 추가 등 여러 효과를 적용하여 동영상을 제작할 수 있다.

5) 동영상 편집이 완료되면 마지막으로 비디오 추출하기로 영상을 스마트폰에 저장할 수 있다. 해상도를 선택하고 [추출하기]를 선택하면 된다. 추출된 영상에는 워터마크가 붙는다. 이를 제거하기 위해서는 아래와 같이 [워터마크 제거하기]를 클릭하여 비용을 지급한다.

블로로 작성한 영상 비디오 추출하기

라. 누구나 디자이너로 만들어주는 그래픽 디자인 편집하기 캔바

캔바Canva는 무료 이미지를 제공하는 사이트이다. 단순하게 무료 이미지만을 제공하지 않고 목적에 맞게 사전에 정의한 이미지를 제공한다. 카드 뉴스 형태부터 포스터, 이북E-Book 커버, 유튜브 채널 아트 등 다수 형태의 이미지를 무료로 제공한다. 인스타그램을 위해서 카드 뉴스를 만들 수 있는데 카드 뉴스는 PC보다는 모바일에서 제작하기가 편리하다.

1) 캔바에서 카드 뉴스를 만들기 위해 캔바 애플리케이션을 실행한 첫 화면에서 아래 + 단추를 클릭한다.

2) 빈 화면이 나타나는데 여기서 인스타그램의 카드 뉴스를 만들려면 [Instagram 게시물]을 선택한 다음 가운데 + 단추를 클릭한다.

캔바에서 가능한 작업 메뉴

캔바에서 게시물의 크기 선택하기

3) 화면이 추가되면 스마트폰의 사진 폴더에서 이미지를 선택해도 되고 아래와 같이 캔바가 제공하는 무료 이미지에서 선택해도 된다.

캔바에서 이미지 선택

4) 이미지를 선택한 후 다시 + 단추를 클릭하면 아래와 같이 추가 옵션이 나온다.

캔바에서 이미지 꾸미기 도구

5) 텍스트를 선택하여 카드 뉴스 글을 삽입한다.

캔바에서 글 삽입

6) 페이지를 추가하려면 왼쪽 아래의 페이지 추가 단추를 클릭하여 페이지를 추가한다.

캔바에서 페이지 추가

7) 제작을 마치고 상단의 내보내기 단추를 클릭하면 스마트폰의 사진 폴더에 저장된다. 저장된 이미지를 인스타그램에 게시하면 된다.

캔바에서 완료 후 저장

마. 무료로 쉽게 사진에 감성적 글을 적을 수 있는 글그램

블로그나 인스타그램을 하다 보면 감성을 자극하는 짧은 글귀가 있는 사진을 자주 본다. 혹여 이러한 콘텐츠를 만드는 법이 복잡하진 않을까 염려하여 포기하는 사람이 있는가? 그렇다면 글그램 애플리케이션을 추천한다. 간단한 클릭 몇 번으로 나만의 멋진 결과물을 만들어 보자. 글그램 안에 있는 모든 기능은 무료로 이용할 수 있다.

1) 플레이 스토어에 접속해서 글그램을 검색한 후 실행한다. 단, 아이폰에서는 구동하지 않는다.

글그램 초기화면

2) 글그램 애플리케이션에 있는 아름다운 사진이나 색을 배경으로 활용해도 되고 본인이 찍은 사진에 애플리케이션 도구를 적용해도 된다.

글그램에서 사용할 수 있는 배경 사진 종류

3) 글그램의 배경 사진은 가지각색으로 있는데 그중 구름을 골라 예시를 작성해보았다.

글그램에서 화면 크기 조절

4) 원하는 사진을 고른 뒤 가볍게 터치하면 크기 조절을 하는 문구가 뜬다. 썸네일을 사용한다면 1:1이 적당하고, 만일 인스타그램에 올린다면 4:5를 선택한다. 혹은 용도에 맞게 사용자가 크기를 정한다. 글그램에서 작업한 사진을 스마트폰에 내려받을 수 있다.

5) 예시로 인스타그램 세로사이즈 최적화를 선택했다.

세로사이즈 최적화 화면

6) 원하는 한 줄 문구를 넣는다. 적고 나면 글그램 내에서 간단하게 편집할 수 있다.

글그램에서 문구 삽입

글그램에서 필터 적용

7) 스타일이 30여 종 있으며 배경 색상과 모양도 바꿀 수 있다.

8) 글꼴과 크기에 따라 콘텐츠가 주는 느낌도 다르다.

글그램에서 글꼴 정하기

9) 사진과 가장 잘 어울릴만한 색상을 고른다.

글그램 글자 색 정하기

10) 저장을 눌러서 어느 채널로 보낼지 선택한다.

글그램으로 콘텐츠 제작 완료

바. 나만의 사진을 재미있고 개성 있게 찍고 편집하는 라인 카메라

사진을 찍을 때 여러 가지 효과를 적용할 수 있고 스마트폰에 있는 사진도 편집할 수 있다. 여러 장의 사진을 한 장에 넣어주는 콜라주 등 편리한 기능이 많은 무료 애플리케이션이다. 라인 카메라LINE Camera를 활용하여 개성 있는 썸네일을 만들어 보자.

1) 플레이 스토어나 앱 스토어에서 라인 카메라를 검색하여 설치한다. 설치 후 메인 화면 아래 시작하기 단추를 누르면 라인카메라의 주요 기능이 나온다.

라인 카메라 메인 화면　　　　라인 카메라 작업 메뉴

2) 메인화면에 라인 카메라의 주요 기능이 나타난다. 만약 원하는 사진이 없다면 카메라 아이콘을 눌러 바로 사진을 찍을 수 있다. 라인 카메라에도 갖가지 필터가 있다.

라인 카메라만의 다양한 필터효과

3) 직접 찍은 사진 외에 사진첩에 저장한 이미지가 있다면 나만의 썸네일을 만들어본다. 해당 사진은 글그램에서 내려받은 이미지이다.

라인 카메라에서 사진 선택하기

4) 사진을 고른 뒤 테두리를 넣을 수 있다. 오른쪽 아래 초록색 네모 상자를 클릭하면 여러 가지 틀이 디자인별로 다양하게 제공된다.

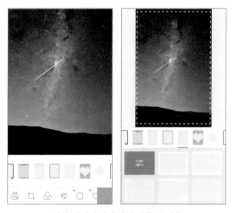

라인 카메라에서 사진 테두리 선택

5) 틀을 골랐다면 네모 오른쪽에 있는 하트를 누른다. 아이콘 메뉴에서 가위 모양을 클릭하여 스마트폰 안에 저장한 다른 이미지를 불러올 수 있다. 여기서는 미리 저장해둔 검정 네모를 선택하였다. 글꼴도 마음에 드는 서체로 적용해 보자.

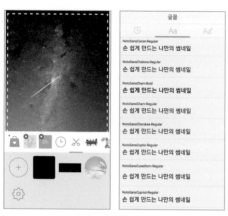

라인 카메라 글꼴 선택하기

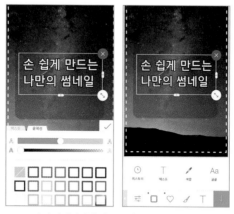

라인 카메라에서 텍스트 및 윤곽선 색상 선택

6) 선택한 검정 네모의 투명도를 조절한 뒤 그 위에 글을 적었더니 한결 눈에 잘 들어온다. 입력한 글자도 색상과 외곽선을 바꿀 수 있다. 되도록 글자와 배경이 잘 어울릴 윤곽선이라야 지저분해 보이지 않는다.

라인 카메라로 썸네일 제작 완료

7) 작성하였으면 오른쪽 연녹색 단추를 눌러6번 이미지 참고 저장한다. 라인 카메라에서 저장을 하면 라인 애플리케이션은 물론 페이스북, 인스타그램, 카카오톡 등 SNS로 간편하게 공유가 가능하다.

사. 대충 찍어도 맛깔나는 음식 사진을 건질 수 있는 사진 애플리케이션 푸디

푸디Foodie는 이름에서부터 알 수 있듯 음식을 맛있어 보이게 찍는 음식 촬영 전용 애플리케이션이다. 음식 전문 애플리케이션답게 맛있게, 청량한, 달콤한, 신선한, 크리스피 등 약 30개가 넘는 음식 전문 필터가 있다.

푸디 내려받기

1) 나의 일상을 담아주는 푸디는 안드로이드와 아이폰 운영체제에서 이용할 수 있다.

2) 전문 라이브 필터를 음식의 성질에 따라 고를 수 있다. 인위적인 느낌이 아닌 음식 자체의 색을 잘 나타내어 더욱더 맛있어 보인다.

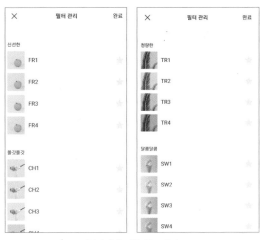

푸디에서 제공하는 필터

3) 조정 탭에서 밝기, 대비, 채도까지 세밀하게 조절할 수 있다.

푸디에서 필터와 조정 기능

푸디 달콤달콤 필터(SW2) 적용

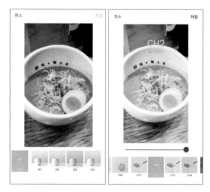

푸디 쫄깃쫄깃 필터(CH2) 적용

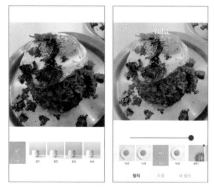

푸디 맛있게(YU4) 필터 적용

푸디 신선한(TR1) 필터 적용

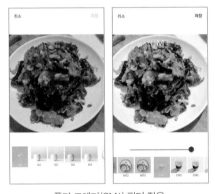

푸디 크레마(CM1) 필터 적용

인스타그램 마케팅
잘하는 사람은 이렇게 합니다

1판 1쇄 펴낸날 2020년 1월 30일
1판 6쇄 펴낸날 2022년 6월 2일

지은이 정진수
펴낸이 나성원
펴낸곳 나비의활주로

책임편집 유지은
디자인 BIGWAVE

주소 서울시 성북구 아리랑로19길 86, 203-505
전화 070-7643-7272
팩스 02-6499-0595
전자우편 butterflyrun@naver.com
출판등록 제2010-000138호
상표등록 제40-1362154호
ISBN 979-11-88230-92-1 03320